U0943144

On Liberty

个性的张扬与受限：

论自由

JOHN S · Mill

［英］密　尔◎著

李　妍◎译

吉林出版集团股份有限公司

图书在版编目（CIP）数据

个性的张扬与受限：论自由/（英）密尔著；李妍译．—长春：吉林出版集团股份有限公司，2020．6

ISBN 978-7-5534-9617-7

Ⅰ．①个… Ⅱ．①密… ②李… Ⅲ．①自由—研究 Ⅳ．①D081

中国版本图书馆 CIP 数据核字（2020）第 098608 号

个性的张扬与受限：论自由

著　　者	［英］密尔
译　　者	李　妍
责任编辑	崔文辉　张晓华
装帧设计	尚世视觉
开　　本	880mm ×1230mm　1/32
印　　张	7．5
版　　次	2020 年 7 月第 1 版
印　　次	2020 年 7 月第 1 次印刷
出　　版	吉林出版集团股份有限公司
电　　话	总编办：010-63109269
	发行部：010-63104979
印　　刷	三河市华润印刷有限公司

ISBN 978-7-5534-9617-7　　定价：32．00 元

版权所有　侵权必究

目录
Contents

第一章

引论

这篇论文讨论的主旨并不是所谓的意志自由，和那个被误以为是哲学必然的教义也不是相悖的。这里是对公民自由或社会自由进行探讨，也就是对社会对个人的权力进行合法施用的性质和程度加以探讨。鲜有人用普遍的说法提出这个问题，就更不用说用普遍的说法来加以探讨了，可是当代一些实践方面的争论却在潜移默化中受到其影响，而且看来要不了多长时间，就会被公认为是将来的重大问题。其实它并不是什么新问题，甚至可以说从最久远的时期以来，它就在对人类进行着划分。可是到了人类中比较文明的那部分如今已经到达的进步阶段，在新的形势下，它再次展现出来，要求人们采用一种不同于以前的方式加以处理，而且这种方式更接近本质。

在我们早已了解的部分历史中，尤其是在希腊、罗马和英国的历史中，最为明显的特点就是自由和权威之间的斗争。可是在过去，这个斗争存在于臣民或者某些阶级的平民和政府之间。那时自由的意思是，残暴地抵抗政治统治者。人们觉得（除了在希腊时期一些平民政府中以外），统治者所处的地位和其统治下的人民是相对立的。

所谓统治者，包括有管治行使权的“一夫”在内，也包括管治实施者——一族或一个世袭阶级在内，其权威都是从继承或征服而来。不管怎样，他们手里所掌握的权威一定不会以管治者的意志为转移。人们从来不会质疑其尊崇的地位，或者从来没想过提出质疑，不管在防治其压迫性的作用时会运用什么样的方针政策。在人们看来，他们是有必要获得这样的权力的，可同时，这样的权力的危险系数也很高，被视为一种武器，统治者可以用其和臣民对抗，也可以和外来的敌人对抗。在一个群体中，为了保护更弱的成员免遭无数鸷鹰的伤害，必须有一个强于其他成员的鹰王站出来。可是这个鹰王的贪婪并不比那些虎视眈眈者逊色，于是这个群体又要时刻提防鹰王的伤害。所以，爱国者就想在一定程度上约束统治者所施用于群体的权力，而这个约束对于他们来说就是自由。有两种途径可以实现这种约束。一是让某些特权，也就是某些所谓政治自由或政治权利得到认可，假如统治者侵犯了这些自由或权利，就相当于背弃了义务，而当他真的这样做了，个别的抵抗或者普通意义上的反叛就是理所应当的。二是往往和一个比较晚出的方案有关，则是在宪法上加上一些限制条件，使得管治权力方面某些比较关键性的举措，一定要有下面这个前提条件：群体或某种团体的利益的代表一定要得到认可。以上两种制约方式，第一种在很多欧洲国家里曾经强迫统治权力在一定程度上服过软，第二种却没有达到这样的目的，于是追求自由的人们的主要目标就变成了让这种约束落到实处，或者在某种程度上已经实现了还要求更加彻底。纵观历史轨迹，只要人类对于用另一个敌人去进攻一个敌人表示满足，对于一定程度上能应对主人的残暴统治，而让自己被另一个主人统治表示满足，那么他们的渴望就依然局限于这一点。

可是，随着人类的发展，人们进入了这样一个时代：曾经人们觉得在利害关系上，管治者高贵的地位和他们在利害上与人们拥有的独立权力背道而驰是必要的，如今他们已经不再这样想了。他们发现，假如国家的各种官府成为他们的租户或代表，可以由他们的心意来决定存在与否，那就好多了。他们发现，唯有如此，才能确保政府的权力不会被随意使用，从而不利于他们。正是在这个想法的驱使下，新的要求出现了，统治者由选举产生，任期不能长，而且一步步变成了平民政党——只要这种政党在哪里出现过——尽可能要实现的目标在很大程度上把之前只要对统治者的权力加以约束的努力取代了。当这种由被统治者来决定统治权力的斗争取得持续性进步时，有些人开始意识到，之前过分看重了约束权力本身这一点。那种方法（看上去可能）是过去用来对付习惯于站在人民对立面的统治者的。而现在所要的则是，统治者和人民应该站在同一条战线上，统治者所代表的利益和国族的利益应该是一致的。国族不需要防备自己的意志，不用担心它会对自身造成伤害。只要统治者的负责对象是国族，国族可以随时撤换统治者，就可以放心大胆地让他们有权拥有自己可以支配的用途。统治者的权力其实就是国族自己的权力，只是集中了，并用一种方便使用的形式表现出来而已。这种思想形态可能就是感想形态，在前一代欧洲的自由主义中随处可见，而直到现在，在大陆的一支中依然是翘楚。在现在的欧洲大陆上，如果依然有人觉得可以约束政府所做的事情——当然，他们眼里压根儿不应存在的那种政府例外——他就相当于是政治思想家当中极其特别的一个了。就比如我们自己的国家，如果曾经在一个时期对这种情调予以激励的情势依然如此的话，可能到今天，一样的情调依然有市场。

可是，在政治理论和哲学理论中，成功倒是会暴露失败所掩饰的不足之处，就像在人当中一样。当平民政府还只是空中楼阁时，那个觉得人民不需要对自己施用于自己的权力加以约束的观念，也许还只是一个在远古的典籍上存在的东西，听上去似乎是一条无须辩明的公理。一些短暂性的异常情况，就比如法国革命，也不一定会让那个观念产生动摇，因为那种情况中最糟糕的情况，也只是篡窃者少数的运用，不管怎样都不在平民政制的恒常使用范围之内，而只是和君主尊制、贵族专制唱反调的一个忽然性的爆发。可是，随着时间一天天流逝，一个民主共和国终于出现了，在地球上占据着相当大的面积，是国族群体中力量最强大的成员之一。既然可以窥视到这巨大的事实，那么人们就开始考察和批判这种选举制和责任制政府。这时人们发现，原来所谓“自治政府”和所谓“人民施用于自身的权力”这样的词句，并没有将事情的真实情况表现出来。权力的使用者“人民”和承受权力的人民并不永远是同一种人，而所说的“自治政府”也不是每人对自己的政府加以管治，而是所有其余的人管治所有人的政府。而事实上，人民意志只是最多的或者最富有活力的一部分人的意志，人民会对自己数量中的一部分进行压制，而需要防止的这种妄用权力丝毫不比任何他种逊色。因而，要对政府施用于个人的权力这一点加以约束，不管是掌权者对于群体，还是群体中最强大的党派对其他人民负责时，都非常重要。因为这个观点不仅和思想家们的智慧相符，和欧洲社会中那些在其真实的或臆想的利害上站在民主对立面的重要阶级的意向也相符，树立起来当然很容易。在如今的政治思想中，“多数的暴虐”这一点往往已被归到社会要警惕的各种祸乱中了。

一开始，人们只是看到这个多数的暴虐和其他暴虐一样恐怖，如今一般的观点依然觉得，主要在于它会以公共权威的措施的形式发挥作用。可是人们经过深思熟虑以后会发现，当社会自身是暴君时，即，当作为集体的社会远比组成它的个人要高时，它并不局限于通过其政治机构做出的举措加以肆虐。社会可以，而且的确在对它自己的诏令加以执行。而它颁布的诏令如果不对，或者其内容与它不相关，那么它就是在实行一种社会暴虐，而相比其他很多种政治压迫，这种社会暴虐要残酷得多，因为它尽管不时常仰仗极端的处罚，可是人们却几乎没有办法躲避，原因是，它过多地深入到人们的生活细节中，因为它对灵魂本身产生了奴役性。所以，只是对官府的暴虐加以防备是不够的，还需要防备得势舆论和得势感想的暴虐，防备社会要通过行政处罚以外的办法来让不同的人接受以自己的行为观念和行事所形成的行为准则，以对任何不利于它个性的发展加以约束，甚至有可能的话，不让这种个性形成，从而强迫所有人物都必须以它自己的模型为依据来对他们自己的这种趋势加以剪裁。集体意见合法干涉个人独立并不是没有限度的，对于获得人类事务的良好情况来说，把这个限度找出来，并保证它的正常性，是非常有必要的，就像防备政治尊制一样。

尽管在一般的说法下，这个命题基本上不会产生疑义，可是问题在于，在实践中如何把控这个度。也就是说，要如何适度地在个人独立和社会控制之间加以调节，差不多所有工作都要开始对这个命题加以研究了。凡是其存在是有益于人的，那么都会对其行为有所制约。所以，一定要制定一些行为准则，首先由法律来强制地对某些事情加以约束，其次由舆论来约束那些不适合由法律来干预的事情。人类事务中要解决的头一个问题就是那些准则具体应该是什么，如果除开少数最为显著的事情，这也是在解决方面取得进步最小的一个问题之一。对于这个问题的决定，任何国度、时代都是不一致的。在另一个时代或另一个国家看来，一个时代或一个国家的决定是令人惊讶的。可是对于这个问题，任何一个特定的时代或国度的人们都不觉得有什么疑义，就像对于一个在全人类看来都相同的题目一样。他们觉得他们自己的准则是明智的、应当的。可以说，这个随处可见的错觉是习惯性的魔术性的势力中的一例。习俗不仅像老话所说的一样是第二天性，甚至还被误认为第一天性。在阻止人类质疑彼此所强加的行为准则这一点上，习俗的作用是相当大的，因为通常情况下，在这个题目上都觉得不需要提出理由，不管是针对谁，或者是本人对于他人。在习惯的驱使下，人们会相信，在受到某些具有强烈偏向的哲学家个性的人的鼓励下，人们也会相信，在这种性质的题目中，他们的感想比理性更有优越感，进而让理性变得可有可无。而每个人心中是这样想的，也就是普通人的行为都应该遵照他和与他有同感的人们的意愿，是使得他们形成有关约束人类行为的观点的一条现实的准则。没错，没有人承认他的判断标准就是他的喜好，可是在和行为有关的问题上，一个毫无理由被当作依据的观点最多只是一个人的选择，而且假设提出了只是和他人相同的选择理由，那依然只是多人的喜好而已。可是一个普通人会觉得，对于他在各个层面所持有的观点来说，他本身的，和他人相同的这种选择，不但是一个非常完美的理由，而且通常情况下是他仅有的一个理由。那些观点并没有在他的宗教信条中原原本本地显现出来，可是哪怕在宗教信仰方面，主要也是用他人自己的观点来对他的观点加以指引。由此可见，人们褒奖什么，贬斥什么，都取决于对他们产生影响的他人的行为和意愿。对人们在这一点上的意愿产生影响的因素非常多，就像对人们在其他任何问题上的意愿进行规定的原因一样。有时是他们的理智，有时又是他们和社交性反其道而行之的癖好，是他们的妒忌心，是他们的高高在上或看不起他人，而最普通的则是他们个人的害怕或贪婪，即他们合法的或不合法的自身利益。尤其要强调的一点是，如果有一个阶级在某个国度里占据优势，那么一国的道德基本上都源于那个阶级的利益和其优越感。比如斯巴达人和其赫劳特①农奴（Helot）之间的道德、殖民者和黑人之间的道德、君臣之间的道德、贵族和

① 古希腊斯巴达的奴隶。

普通百姓之间的道德，甚至于男女之间的道德，基本上都源于那些阶级利益和阶级优越感，而这样衍生出来的情操又会反过来作用于优势阶级的成员们自身彼此关系中的道德情绪。此外，假如之前占据优势的阶级没落了，或者其优势令民众失望，那么当时占据优势的道德情操通常就会带有一种对强烈痛斥优越的感觉。与此同时，不管是法律或舆论支持的行为准则是否允许，还有一个极其关键性的原因，那就是人类奴性服从于其现世主人或所奉神祇的假想中的好恶。虽然从根本上来说，这种奴性服从是自私的，却并不是邪恶的，它将一种纯粹的爱恨情操孕育出来，竟然让人们烧死魔术师和异端者。而其他更小的影响力量，其中在引导道德情操方面，社会一般和显著的利害这一点所发挥的作用是不可忽视的，与其说这是因为理性，是因为社会利害本身，还不如说它大多源于社会利害中产生的爱憎感。这种爱憎感几乎不会影响社会利害，却会极大地影响各项道德的树立。

事实上，社会的好恶，或者社会中一些得势的部分的好恶，才是决定那些受到法律或舆论支持的、需要大家严格遵守的行为准则的主要东西。通常情况下，即便是一些在思想和感想方面都走在社会前列的人，也从来没有从原则上抨击这个情况，虽然在某些细目中，他们和它之间有矛盾。他们宁愿对社会的好恶进行探讨，也不愿意深究对于个人来说，社会的好恶能否成为法律。他们宁愿借助自身所持有的异说的某些特定的努力，去对人类的思想加以改变，也不愿意视保卫自由、保卫所有异端为一般性的观点。只在宗教信仰方面，也只是随处有极个别的人采取了更有原则的较高立场，而且一直维持下去。在很多方面，这事都有指导性意义，而就所谓道德感觉之不能出错这一点来说，更是一个最典型的例证，像对于一个诚恳的执迷者来说，神学家之相仇，的确就是道德情绪最显而易见的例证之一。一般情况下，那些率先打破所谓一统教会桎梏的人们，原本和那教会一样，都不容许宗教出现分歧。可是当矛盾的高潮过去了，没有哪一派获得最终的胜利，而每个教会或教派都只是希望可以让其自身的阵地得以保持的时候，这些少数派发现自己没有可能变成多数派时，就只能向他们没办法改变的人们呼吁允许分歧的存在。于是，人们才得以在原则性较强的开阔立场上提出个人反对社会的权利，当然只限于这个战场，而人们才在公开范围内讨论社会想对倡导者施用权威的要求。那些伟大的作家们——帮世界得到它所享有的宗教自由——大部分都主张良心自由这种权利是无法撤销的，都不认同一个人必须向他人交代自己的宗教信仰。可是在他所真正关注的事情上，人类却是如此无法包容，以至于宗教自由实现的地方少得可怜，除非将那种讨厌神学嘈杂而不关心宗教的情况也称为宗教自由。哪怕在最友好的国度里，在几乎所有宗教人士的心中，在认可宽容的义务时，依然有一定的保留。在和教会政府相关的问题上，这一位会包容异议，可是在和教条有关的问题上却不是如此。另一位可以对所有人都予以包容，却唯独不能对一个天主教徒或一个神教徒加以包容。又一位，只宽容信仰神启的宗教的所有人士，还有少数人稍微推进了一点宽容，可是遇到相信上帝和彼界时，却又无法相融。总的来说，服从多数之主张的削弱，并不会在大部分觉得还强烈的地方出现。

因为英国政治历史上的一些特殊情况，相比欧洲多数国家，也许还存在较重的舆论的约束，而不存在多重的法律的约束。对于将立法权力或行政权力派上用场，来直接干预个人行为这一点上，这里有着非常大的妒忌，说这种妒忌是源于科学地看待个人独立，还不如说更多地是因为有一种思想还存在于人们的脑海里，认为政府这种机构代表的利益和公众的利益是背道而驰的。很多人不了解政府的权力和他们的权力是合而为一的，政府的观点和他们的观点是合而为一的。如果有一天他们了解了，就像个人自由会受到舆论的侵犯一样，个人自由也会遭到政府的侵犯。可是，从目前的情况来看，这里有一种随时都会引发的强烈的情绪，去对这样一种企图加以反对，那就是通过法律在人们从来没有受到法律约束的一些事情上面来掌控个人。而这个事情到底应不应该划分在法律合法的掌控范围内，并未得到这种反对情绪的重视，所以从整体上来说，这种情绪是非常健康的，可是当在特定的事例中加以运用时，被误用的情况也是时常发生的，就好像它时常有确凿的依据一样。其实我们并没有什么得到公开认可的原则，习惯性地来对政府的干涉是否合理进行测定。人们都是根据本人的选择来决定。有些人看到要做什么好事，或者要救助什么灾难，都宁愿把这个责任推给政府，另一些人则甘愿忍受社会祸乱，而不想听从政府的摆布。在所有特定的事件中，人们不是把自己列入这一边，就是列入那一边。他们在决定时，通常以他们情操上的这种一般方向为依据，或者以他们对于拟议中的这件特殊事情如果交给政府做，他们会得到的好处和坏处为依据，又或者以他们如何相信政府会不会遵照他们的心意去做为依据。假如他们有一种思维定势，觉得政府适合做所有事情，那是几乎不存在的。我觉得因为这样缺少准则或原则，导致从现在的局面来看，不管哪一边都是错的，人们向政府的干预发出不合适请求的人数，和不合适地加以指责的人数是差不多的。

本文的宗旨就在于找到一条最为简单的原则，不管采用的是法律处罚方式下的物质力量这种方式，还是公众意见下的道德压力这一方式，凡是属于社会以强制性方式应对个人的事，都要严格遵守。这条原则就是：人类只是出于自我防卫的目的，所以才个别地或者集体地，理直气壮地干预其中任何分子的行动自由。也就是说，之所以可以对文明群体中的任何一个成员施用一种权力，和其意志唱反调，却被理解为正当的，只是因为要预防危害他人。如果为的是那个人本身的好处，那么这个理由就不充分，不管这个好处是物质方面的还是精神方面的。人们不能强制性要求一个人做什么或者不做什么，理由是这会有利于他，这会让他觉得心情愉悦，这在别人看来是明智的，或者说是正当的，这样称不上正当。如果这些原因是为了劝告他，或者和他争辩，或者为了说服他，甚至是为了祈求他，那都是不错的，可是不能借此强迫他，或者说，假如他不这么做的话，就会大难临头。要让强迫变得正当，一定是要求他阻止的那件事会危害到他人。任何人的行为，要对社会负责的只有关系到他人的那部分。如果那部分只关系到本人，从权利上来说，他具有纯粹的独立性。个人是他本人、是他自己身心的最高主权者。

也许无须多言，这条教义只对能力已经成熟的人类适用。我们这里所讨论的不是小孩子，也不是还没有达到法定年龄的未成年人。如果一些人还需要他人监管，也需要防御自己的行为，就像防御外来的侵害一样。同理，我们也可以暂且不论那种种族本身还未达到成年状态的社会中的一些落后状态。在自发的进步发展的过程中，早期具有这么严重的困难，以至于竟难以选择克服困难的方法，所以如果出现一个改善精神强大的统治者，他就可以采用任何权宜之计以达到一个必须通过这种方式才能实现的目标。在对抗野蛮人的入侵时，专制政府这种形式是合法的，只要本着让他们有所改善的目的，而因为这个目的的实现，所采用的方式也就显得正当了。作为一条原则来说，当人类还没有达到可以通过自由和平等的探讨而得到改善的阶段以前的任何状态时，自由都是适用的。没有达到那样的状态之前，人们必须毫不迟疑地接受一个阿克巴[1]（Akbar）或者一个查理曼（Charlemagne）的统治，如果他们很幸运地找到那样一位大帝的话。可是，只要人类拥有了这种能力，可以借此说服或劝说他们主动去改善时（所有国族老早就达到了这一时期，这里也必须提到我们自己），强制的办法就不能再成为考虑到他们自身的利益而加以使用的方式，不管是直接的还是不服从就必须受到惩处的方式，正当的就只有给他人安全提供保障这一缘由了。

在这篇论文中要说明的一点是，只要是可以从抽象权利的定义（作为离开功利而自成一体的东西）引申出来，而对我的论据有利的各点，我都舍弃了。在所有道德问题上，我的确最后都是具有功利性质的，可是这里所说的功利的定义是最广的，人在这里一定是前进的，而且其依据

① 印度莫卧儿帝国皇帝。

是永恒的利益。我一定要强调一点，这样一些利益是具有威权的，让个人主动性在外来控制面前低下头来的，当然只关乎每人和他人利益息息相关的那部分行为。如果有人所做出的行为是对他人有害的，那就可以用法律来惩治他，假如不能运用法律的手段时，也可以把广泛的舆论派上用场。还有很多积极性的，要强制性要求人们去做的一些有益于他人的行动，也算得上是合理的。比如说，在法庭上做证人，又比如说，在一场共同的正当防卫战中，或者服务于他所保护的整个社会利益的工作，承担他个人的责任，还有其他个别有好处的行动，比如尽力去拯救一个人，对一个弱者见义勇为，等等。总的来说，只要这件事属于某个人的义务，他必须去做时，他就必须对社会负责任，这是理所应当的。要知道，一个人不仅会因为自己的行动而做出对他人有害的事，也会因为其不行动而造成一样的后果，基于这两种情况，都可以要求他给他们一个交代。当然，相比前一种情况，要更谨慎地在后一种情况下采取强制性措施。如果一个人的行动对他人造成了伤害，他就必须对此负责，这是不可动摇的原则，至于他没有去阻止伤害的发生，却把他当作责任人，那相对应而言就是另一种说法了。虽然不属于上述情况，可是在很多非常显著和极为关键的事情上，却完全可以说它是正当的。在涉及外部的所有事情上，从法理上来说，一个人对于和其利害关系有关的那些人都是要负责的，而且如果有必要的话，保护他们的社会也有责任。也常有些原因可以不要求他负责，可是那些原因一定是当时迫于无奈的选择：不外是因为事情本身就是这一类的代表，假如社会以其权力中所有的什么办法来掌控他，还不如由他自己想想如何裁夺，这样看起来效果还要好一些。或者是因为假如试着控制他，难免会出现其他问题，远大于要预防的问题。不得不指出的一点是，既然事先的苛责因为这样一些理由被免除了，那么主事者本人就应该站在没有人的裁判席上去，去给他人的那些没有庇护神的利益提供保护，在裁定自己时要更加严格，原因也正是这事情不允许他为同胞的裁判负责。

可是对于社会来说，也有这样一类行动从其不同于个人的地方来看，只有（如果还有的话）一种间接的利弊。这类行动的范围涵盖的有，一个人生活和行为中只和自己有关系的所有，或者如果说也对其他人产生了影响的话，那也得是他们自愿、没被他人哄骗而参加的。必须强调的一点是，我在这里说只是对本人有影响，即这是一开始的、最直接的影响，要不然，既然是对其本人有影响的，都会借由本人对他人产生影响，也不一定，那么，所有以这个不确定的事情为依据的反对也一定要在考虑范围以内了。如此说来，这就是人类自由最合适的领域。这个领域涵盖：第一，意识的内向境地，对涵盖面最广的良心自由提出了要求，对思想和感想的自由提出了要求，对不管是实践的还是思考的、科学的、道德的或神学的所有题目上的观点和情操的完全自由都提出了要求。因为发表和刊登观点的自由属于个人关系到他人的那部分行为，看上去似乎属于另一原则，可是因为它的重要性堪比思想自由本身，又依据着几乎相同的理由，因此在实践方面，和思想自由是合为一体的。第二，这个原则还对兴趣的自由提出了要求，对制订自己的生活计划，以和个人的性格相适应提出了要求，对按照自己的心意去做提出了要求，当然也不会对随之而来的结果有所忌讳。这种自由，只要我们的行为不会对我们的同胞造成伤害，他们就不应该阻碍我们，哪怕在他们眼里，我们的行为是荒诞的、错误的。第三，在一样的限度内，和这种个人的自由一起的，还有个人之间彼此合作的自由。这就是说，人们可以为了任何对他人没有利益损害的目的，而自由地联合在一起，只要是成年人参与联合，既没有受到强迫，也没有上当受骗。

不管什么样的社会，不管其政府形式如何，如果从整体上来说，以上这些自由都没有受到尊重，那就称不上自由。假如以上这些自由的存在是相对的，而且是没有限制的，那么把这样的社会称作完全的自由是根本不够格的。仅有的一个实至名归的自由，是走在我们自己的道路上，以我们自己的好处的自由为追求，只要我们不将他人的这种自由掠夺走，不企图给他们努力获得这种自由制造障碍。每个人都可以守护自己的健康，不管是身体上的还是智力上的，抑或是精神上的。假如人类互相允许各自按照自己的方式生活，所得到的收获要远大于强制性要求每个人都按照其他人的方式去生活。

尽管这条教义并不是什么新鲜的东西，而且有些人还会觉得有些此地无银三百两的意思，可是它却完全是背离现有观点和实践的一般趋势的，再没有其他教义会超过它了。社会曾竭尽所能（根据其所看到的）强制性要求人们和它对人的优越性以及对社会的优越性的理念相适应。古代的共和国觉得自己有权力实行，而且还得到了古代哲学家的支持，借助公共权威来对个人行为的所有部分进行定制，以国家衷心关怀每一公民的全部体力和智力的训练为依据。一些小的共和国，因为被一些列强虎视眈眈，时刻都有可能遭到外来侵略或内部动乱，哪怕只是短暂的松懈，都有可能一败涂地，所以它们就不允许等待自由出现的恒久效果——这种想法在这样一些小的共和国里曾经是得到认同的。政治群体的体量在近代世界变大了，还有最重要的，也就是灵界的和俗界的权威没有再融为一体了（这就让另一个不掌控人们世俗事物的人来指导人们的良心了），这些情况就不会再让法律大规模干涉私人生活细节了。可是道德压迫的一些机器却被派上了更大的用场，和那些只和本人有关的事情上不同于统治意见唱反调，甚至力度还要大过社会性的事情。也就是对于道德情绪的形成因子中最强有力的宗教来说，它的控制者要么是教吏团的企图——它试图对人类行为的每个部分进行控制——要么是清教主义的精神。即某些对旧时宗教反对最强烈的近代革新者，在提倡精神统治的权利方面，也不比一些教会或教派晚。孔德①（Gomte）是其中必须着重强调的一个人，他的社会思想体系在《论现实的政治》一书中展现得淋漓尽致，他想成立一种社会对个人的专制（尽管相比法律这种工具被派上用场的频率，道德这种工具使用的频率要高得多），和古代哲学家中最严苛的纪律主义者在其政治思想中所曾经想象到的任何东西相比，它竟然有过之而无不及。

把思想家们个人的特殊学说排除在外，还有一种愈加强烈的趋势在世界上普遍存在，即社会权力凌驾于个人权力之上并且进行不适当地延伸，为了达到目的，将舆论力

---

① 法国著名的哲学家、社会学和实证主义的创始人。

量派上用场，甚至还要将立法力量也派上用场。既然发生在世界上的所有改变都是朝社会权力更加强大、个人权力愈弱的方向发展的，由此可见，这个侵蚀就不是那种朝自动消失方向发展的灾难，反之，会朝更加强大的方向发展，而且越来越恐怖。统治者也好，公民同胞也好，人类都倾向于让他人接受自己的观点，其中蕴含着人性中不可避免会有的一些或好或坏的情绪的强有力的支撑，导致制约根本不可能实现，除非权力消失，而权力又是上升的，而不是下降的，除非筑一条强大的道德信念的堤坝，以此抵御这种灾祸。如此一来，我们就只能在现有的世界形势下看到它的上升趋势了。

本文不准备直接进入这一般的论题，而只对这论题的一个分支在开头进行论述，这样方便论列，在这个分支上所列举的原则，哪怕不是所有的都得到了流行观点的认可，也是部分得到认可了的。这一分支就是思想自由，还有与之息息相关的同源的言论自由和写作自由。尽管在所有宣称宗教宽容和自由制度的国家里，这些自由已经成了政治道德中举足轻重的一部分，可是一般人可能还不太了解它们的依据——哲学上的和现实中的，甚至包括有些舆论领导者在内，也不一定像期待的那样了解得那么透彻。那些依据只要被科学理解了，就不只是对这总题的一部分适用，所适用的范围要广得多，即，从根本上考虑这个问题的这一部分，其实很好地引导了其他部分。当然，对于某些人来说，我在这里所要论述的并不是什么新奇的东西，所以，假如我还敢探讨一番这个三个世纪以来已经被时常拿出来的话题，那么我就只能希望他们谅解了。

第二章

论思想自由和讨论自由

说对于“出版自由”，作为和腐败政府或暴虐政府对抗的一个保证，这样一个时代还要有保护伞，希望现在没有了。我们现在可以假设，已经不需要再论证允许一个在利害上和人民步调不一致的立法机关或行政机关非要让人民接受它的观点，还规定人民可以听到的必须是何种教义或论证唱反调了。而且，之前的作家们又多次且胜利地推动了问题的这一方面的发展，因此这里就更无需赘述了。尽管和出版相关的一项法律直到现在在英国仍然奴性十足，就像都铎①（Tudors）朝代一样，可是除一时被某种惊慌侵袭，导致大臣们和法官们担心叛乱而惊恐不安的时候以外，却很少有实践起来和政治探讨唱反调的可能，而通常情况下，只要是在立宪制的国家里，都不用将政府考虑在内——不管它需不需要为人民负责——会时常想要对发表观点进行控制，只有一种情况例外，那就是它是为了让自己成为代表一般公众不再包容的机关而这样做。如此说来，我们先来假设一下，政府和人民是融为一体的，除非它觉得是和人民心愿相符时，压根儿就不愿意使用采取强制性举措的权力。可是人民有权将这种压力派上用场，正是我不愿意承认的，不管运用者是他们自己，还是他们的政府。这个权力自身都是不合法的，在运用它时，最好的政府并不

① 亨利七世 1485 年入主英格兰、威尔士和爱尔兰后开创的一个王朝。

比最坏的政府有资格。背离公众的意见，将它派上用场，以及迎合公众的意见将它派上用场，二者都是有弊端的，或者后者的弊端更加突出。如果所有人（除了一人以外）的观点都相同，只有一人的观点是不同的，这时，相比那一人（如果他有权力的话）让整个人类安静下来相比，人类要让那一人安静下来要正当多了。假如一个观点对所有者本人有利，假如在享用它时所遇到的障碍只是损害到了个人，那么受到损害的究竟是多数人还是少数人，还是有些不同的。可是强制性要求一个观点无法表达出来的特殊罪恶在于它是在侵略整个人类，不管是对后代，还是对现代人都是如此，相比持有那个观点的人，反对那个观点的人要严重得多。如果那个观点是对的，那么他们就不可能用错误把真理换回来；如果那个观点是不对的，那么他们就将一个几乎一样大的利益弄丢了，那就是源于真理和错误矛盾的更清晰、更生动的真理印象。

需要分别思考一下上述两个假设，在与之对应的论据上，每个都有自己的独特之处。这里有两个论点：我们不可能肯定地说，我们想要关闭的观点是不对的，如果我们可以肯定，那么把它关闭也是错的。

第一点：想要利用权威的力量进行胁迫的观点也许是对的。试图控制它的人们自然不会承认它是对的，可是那些人也是有可能犯错的。他们没有资格作为全人类的代表去行使对问题的决策权，并让其他人都远离资料的判断权。如果因为他们相信某个观点是错的，而对那个意见充耳不闻，这是以他们的确定性和完全的确定性是没有区别的为前提的。只要是把讨论压制下来，都是以不可能错误性为前提的。在给它定罪时，可以认为所依据的是这个一般性的论据，并不因其是一般性的就更加严重。

人类的优良辨识中让人遗憾的一部分是，他们的可能错误性这一事实，相比在理论中得到的认可，在实践的判断中的分量要轻多了。也就是说，所有人都对自己有可能是错误的心知肚明，可是几乎没有人想到要采取什么预防性措施，也几乎不会有人允许做这样的假设，说他们觉得非常确凿的观点也许正是他们所承认的自己容易犯的某个错误。几乎在所有课题上，一些专制的君主，或者其他一味服从的人们，都非常相信自己的观点。有些比较幸运的人，有时可以听到反驳自己的观点的声音，即便错了也不太习惯更正——这种人只相信自己和其周围的或者一直以来都表示服从的人们所共同持有的一些观点。因为和一个人不太相信自己的判断相比，他时常把自己的信任建立在一般“世界”的不可能错误性上。而对于每个人来说，所谓世界是指世界上和他发生过关联的一部分，像他的党、他的派、他的教会、他的社会阶级，如果有人觉得所谓世界覆盖面更广，延伸到自己的国度或者他自己的时代，那么，相比之下，他就称得上是自由主义的和心胸宽广的了。

这个人对这种集体权威矢志不渝，即便其他时代、其他国度、其他党、其他派、其他教会和其他阶级曾经，甚至现在依然拥有相互矛盾的思想这一事实，他也依然坚持己见。他是由他自己的世界来承担有权反对他人的异己事件的责任了，谁能想到，偶然的机遇才是他在这若干世界中要选择的可信任对象的决定性因素；谁能想到，他早前之所以在北京成为一个佛教徒或孔教徒的某些原因，和他现在在伦敦成为一个牧师的某些原因是相同的——他当然不关心这些了。可是，这一点是显而易见的，就像不需要什么论据就可以表达出来一样，相比个人，时代发生错误的可能性并不会低。很多被之后的时代看作是错误的，而且是荒诞的观点，在每个时代都可以找到，这就表明，将来的时代一定会驳斥现在风靡的很多观点，这一点是非常确定的，就如同现代已经在驳斥曾经风靡一时的很多观点一样。

上述论据也许会提到的驳斥，应对形式可能如下。即，相比在公共权威根据自己的义务和决策所做的其他事情，在不允许把错误宣扬出去这件事情中的不可能错误性并不一定更多。人们接受判断，正是为了将它派上用场。因为判断可能会被错误性使用，就不允许人们使用它显然是不可能的。不让他们做可能有害的事，并不等于要求都是正确的，而正是适当地履行义务要以良心上的信念为依据，哪怕有可能不对。如果我们因为我们的意见也许不对，就一直背离自己的观点展开行动，那么我们必然会不顾自己的所有利害，也完全不顾自己的所有责任。一个对所有行为都适用的反驳，当然不可能完美地反驳某个特定的行为。这是政府的责任，也是个人的责任，要形成他们能够形成的最正确的观点，要非常谨慎地形成那些观点，并且不要让他人强制性接受，除非自己非常肯定它们没错。可是当他们一旦非常肯定时（这样的推理者可以说），依然怯懦不前，而不跟随自己的心意去行动，而且任由一些自己真心觉得不利于人类此种生活或他种生活的教义肆无忌惮地散播出去，那就是懦弱而不是忠心了。因为在更原始的时代，其他人曾经对现在确定为真理的意见进行过迫害，人们会说小心点，同样的错误不要犯两次，可是在其他事情上，政府和国族也犯过错误，而那些事情也许适合于运用权威的主题。它们曾经征收过苛捐杂税，曾发动过不正义的战争，难道我们应该就因此放弃征税，即便遭到再大的挑衅，都当缩头乌龟吗？不管是人还是政府，都应该尽可能展开行动，所谓绝对确定性这种东西是根本不存在的，可是对于人类生活中各种目的的完全保证却是应有尽有。我们可能，也一定要给出这样一个前提，自己的意见是正确的，这样可以为我们自己的行为提供指导，而当我们不允许坏人打着我们觉得错误的观点的旗号，把社会带到歪门邪道上时，那就称不上什么前提了。

我这样回复这个驳斥：这是前提条件给得太多了。在不同机会的争辩中，因为一个意见并没有被打倒，所以就假设它是正确的，这是一回事，为了禁止驳斥它而假设它是正确的，这是另外一回事，二者之间的区别是非常大的。我们之所以因为行动的原因而假设一个意见是对的，前提条件正是有批驳它的绝对自由，而且也没有其他条件存在，可以让一个像拥有人类精神能力的东西拥有让他变得正确的理性上的担保。

我们暂且站在意见史或人类生活中的一般行为的立场上进行思考，试问，这个人或那个人为什么不比他们现在那样更坏呢？当然不是因为人类理解中一直存在的力量，因为，通常可以判断出一桩不是自明的事情只有一个人，而其他九十九人都判断不出来，而那一个人的能力只是相比较而言。原因是，不管在哪个时代，都曾经出现过不少这样伟大的人，都提出过很多如今看来完全是谬误的观点，还做过或认同过如今看来根本无法得到认可的事情。可是对于整个人类来说，占据优势的到底还是理性的观点和理性的行为，那这又是为何呢？假如这种优势真的存在的话——这一定是有的，要不然人类事务就会一直处在没有希望的状态——原因就在于人类心灵拥有这样一种可贵的品质，那就是人是可以改正自己的错误的，有智慧的或有道德的存在的人类中所有珍贵事物的渊源都在于此。人在探讨和经验的帮助下，可以对他的错误进行更正。不是光凭经验。探讨也必须包括在内，它的作用在于对经验进行说明。在事实和论证面前，错的观点和行事会慢慢屈服，可是一定要把事实和论证摆到前面，才能影响人心。如果不对事实加以解释，不把其意义指出来，是几乎没办法把自己的道理讲出来的。如此说来，人类就是凭借一个性质进行判断的，也就是它有被更正的可能，而只有当更正手段被掌握时，它才是值得信赖的。假如有一个人的判断是完全可以相信的，那么他是如何做到的呢？原因是对于不赞同他的意见和行为的声音，他都非常真诚地对待。原因是他习惯于倾听所有质疑他的声音，从中收获有益的东西，而且对自己或他人的虚妄的东西进行解释。原因是他深刻地觉得，一个人只有用心倾听不同的声音，并对如何观察不同心性进行研究，才能更全面了解一个题目。一个聪明人只有通过这种方式，才能变得更聪明，从人类智慧的角度来看，只有通过这种途径，才能变得聪明。要把他人的意见借鉴过来，补充并完善自己的意见，才能保持一种稳定的习惯，只要不在行动中迟疑，那意见值得依赖的仅有的一个坚实的根基就在于此。总的来说，既然一个人知道了所有可以（最起码是显而易见的）说出来的质疑他的话，而又站在了所有反驳者的对立面——很明确地知道，自己是来质疑，而不是为了躲着它们，很明确地知道自己不管从哪个方面，所有遮挡都可以让这个题目发光——这时他就有权认为自己的判断要好于那没有经过类似过程的人群的判断。

哪怕人类中最智慧的，同时也是最有资格相信自己的判断的人所看到的是相信其判断所必不可少的根据，少数智者和普通大众，也就是所谓公众的审核也是不能不提的，这要求并不过分。天主教会——教会中最不包容的一个教会，甚至在授封圣徒时还允许进行“魔鬼的辩驳”，而且还用心聆听。这样看来，只有当魔鬼弄清了他的一切攻讦，并经过权衡以后，才能把身后的荣誉赐给他，即便是人中最神圣的那一个也不例外。哪怕是牛顿的哲学，也必须通过允许，经过质疑，人类才会非常确信它的真确性。我们的一些依据最为确凿的信条，并没有什么保护屏障，只有一份邀请全世界都来见证那些信条是毫无依据的请柬。如果这挑战遭到了拒绝，或者被接受了而试验失败了，我们依然还有很长一段路要走，才能得到确定。可是，我们算是将人类理智现状所允许的所有努力都贡献出来了，也没有舍弃任何得到真理的机会。如果公开登记表，我们希望，假如还有更好的真理存在，到了人类心灵可以接受时，就会找到它，而我们也可以相信我们找到一条和真理更近的道路。一个也许不对的东西可以得到的确定性就是这样，要想得到这种确定性，也只有这一条路可走。

让人纳闷的是，既然人们已经对自由探讨的论据的真实性表示了认可，却又不赞同将这些论据“推至其极”，他们没有意识到，只有在极端的事情上有效的理由，才能在其他事情上有效。令人匪夷所思的是，既然他们已经对所有可能存疑的题目都应该进行自由辩论表示认可，却又觉得因此更加确定了一些特定原则或教义——的确他们相信是确定的——所以不应该被质疑，而还觉得这称不上冒认不可能错误性。我们要知道的是，不管对于哪个命题，假设还有一个人没有表示认可，就要对其确定性提出质疑，可是在还没有得到认可时，假如我们却确定它，那就相当于将我们自己，以及赞同我们的人们当作判断确定性的人，而且是屏蔽他人意见的人。

如今这个时代被描述为“乏于笃信而怖于怀疑”——在这里，人们对于意见的相信是真正的相信，比不上确信，假如没有这些意见，便不知所措——要求保护一个意见，以免遭到公众抨击的观点，是以意见的真确性者少和它对社会有很多重要性者为依据的。人们申诉，对于社会福祉来说，某些信条有这样或那样的用处，先不说是必需的，因此政府有责任给它们提供支持，就像有责任给任何其他社会利益提供保护一样。在这样必要而且直接归属于政府责任的事情面前，人们提出这样的观点，哪怕是某种不及不可能错误性的东西，也完全可以让政府有权甚至也完全可以胁迫政府，得益于人类一般意见的拥趸，按照自己的意愿展开行动。人们还时不时论证，时不时思考，那些削弱有价值的信条的人必定是坏人，而对坏人进行制约，而且不允许做只有坏人才想做的事，总是对的。这种想法是将制约探讨的合理化简题当成问题在于教义的有价值性而不在于其真确性，并借机和它自己相逢迎，而躲开自以为对于意见的不可能错误的裁判者的责任。他们如此讨好自己，却没有意识到其实只是转移了不可能错误性的假设点。一个意见的有价值性本身也是意见问题：和那意见自身一样，也是可以辩驳的，也需要应对探讨，而且要求探讨一样多。要对一个意见是否有害进行判断，和判断它是不是错误的，一个完全正确的裁判者是必不可少的，除非那被宣判的意见可以给自己找到很多辩护的好机会。更何况，虽然不允许一个异端者对其意见的真确性提出主张，却可以允许他对其意见的功利性或无害性进行主张，这也是不可以的。一个意见的真确性是属于功利性的。如果我们想对某一命题的可取性进行判断，试想一下，我们怎么可能不考虑到它的真确性。在最好的人看来，只是要违背真确性的信条都是没有价值的，如果这种人因为人们告诉他某项教义是有价值的而遭到他的拒绝，他深信这项教义是错误的，而被批评为是亵渎者时，不妨问问，他们竭力主张这一辩解，你能阻止吗？只要是支持公认意见的人，事实上从来都是尽可能地利用这一辩解，他们在处理功利性问题的真相时，是不会将它完全抽离真确性问题的，相反，正是因为他们的教义是仅有的一个“真理”的这个最为重要的原因，所以了解它、相信它，才被视为是必需的。在探讨有用性问题时，假如这么关键的一个论据没有被充分利用，那么讨论就有失公平。而且，站在事实的角度，当一个意见的真确性的争辩没有得到法律或公众情绪的认可时，他们也一样不会包容对那个意见的有用性的否认。他们至多只会允许削弱一些那个意见的完全必要性或不接受它的真正罪过。

只因我们已经自行对某些意见做出了判断，于是拒绝聆听，以免带来害处，为了对这一点做出更有效的说明，我想我们是可以规定在某种具体的事情上面进行探讨的，而我所乐意选择的又是最不会给我带来利害关系的一些事情，即，不管在真确性问题的争辩记录上，还是在功利性问题的争辩记录上，在那些事情上，人们都认为反对意见自由的论据是非常有力的。暂且用信仰上帝和信仰彼界，或者任何一个得到普世承认的道德方面的教义来规定所要驳斥的意见。战争的序幕在这样一个战场上拉开，占据最大优势的其实是非公平的敌方。因为他们肯定要说（很多将公平弃之一旁的人则在心里说）：这些教义完全可以确定，而且应该在法律的保障下实施。信仰上帝根本不属于那类意见，假如相信了，你就说是对不可能错误性的冒认吗？可是我不得不说，确信一个教义（管它是什么教义），和冒认不可能错误性并不等同。我所谓的冒认不可能错误性，是说取代他人对那个问题的判断，并没有答应让他人聆听反方向传达出来的东西。哪怕把这种冒认归到我最严肃的信念中，我也要不遗余力地贬斥它。哪怕一个人的劝说再主动，再有说服力，不但说到了一个意见的错误性，还说到了它的害处，不但说到了它的害处，还说到它的（我暂且采用极其蔑视的语词）不道德和不敬神，可是，只要他在对那一私的判断进行追求——尽管国人或时人的公众判断也是支持他的——让人们无法听到辩护那个意见的声音，他就是对不可能错误性的冒认。因其所针对的意见被叫作不道德或不敬神，这种冒认的反对或危险性并不会因此遭到削弱，这是和所有其他意见相关而且最为人诟病的一点。一代人就是在所谓不道德或不敬神的场合下，才犯下了让后代惊讶无比、极为恐怖的错误。我们正是在这类事情上看到了历史上传承下来的事例，当时法律之臂竟然把最好的人和最崇高的教义剔除，在对人方面所获得的成功让人心痛不已，尽管有些教义没有遗失，借此（似乎带有嘲讽性地）给那些质疑它们或它们的公认解释的人们进行同样的行为进行掩护。

提醒人类这样一件事，总不好嫌弃其次数太多吧，从前有个叫苏格拉底的人，他在一个个人伟大性极其突出的时代和国度里出生，他就曾经和那时的法律权威和公众意见产生过矛盾。只要是知道他的人，只要是那个时代的人，都认为在那个时代中最有道德的人就是他，并且我们也知道了他，而我们还知道之后所有道德牧师都将他视为领导，都把他当作标杆，他是柏拉图的高尚的灵示和亚里士多德的灵敏的功利主义——“搭配成完美色调的两位宗匠”，这是道德哲学和所有其他哲学的两个源头——的源头所在。有史以来得到公认的所有伟大思想家的这位宗师——直到两千多年以后，他的声誉还在持续提高，直至将所有其他为国家获得荣誉的名字压倒——在一个法庭审判过后，竟然被用不敬神和不道德的罪处死了。所谓不敬神，是指他不承认国家所相信的神祇，没错，对他进行申诉的人就直接斥责他压根儿不相信什么神祇（参考“谢罪”篇）。所谓不道德，是指从他的教义和教导来看，他是一个“品质恶劣的青年人”。这些指控中有不少论据，于是法官选择了相信他是有罪的，处死了这样一个在人类中也许是有史以来最好的人。

再说一个司法罪恶的例子，那就是一千八百多年以前发生在加尔瓦雷（Calvary）身上的事件，哪怕把这件事与苏格拉底处死事件相比，也不会让人觉得急转直下。但凡看到过他的生活、听到过他的谈话的人，都对他的印象很深，知道他的道德是多么高尚，导致之后十八个世纪以来，人们都将他视为万能的上帝。他竟然被当作一个亵渎神明的人被用下作的方式处死了。人们不仅误会了加惠于他们的人，还完全误解了他的为人，认为他是不敬神的怪物，而正是因为他们曾那样对待他，而被理解成如今这样了。

现在，人类心痛于那两桩处分，尤其是反感二者中的后者，又让他们用非常不公平的态度对待当时不祥的主演者。不管从哪个方面来看，那些主演者的确不是什么坏人，和普通人相比，不会更坏，而且正好相反。那个时代人们具有丰富的宗教的、道德的和爱国的情感，他们的一生也是在受人尊重的氛围中度过的，不管是我们自己的时代，还是在任何时代，我们都有机会不受到他人的指责。当那位大牧师撕裂自己的袍服，发出在当时国人的理念下完全可以构成最严重罪行的那些申诉时，他的害怕和愤怒很可能是真诚的，就像如今一般忠诚的人们是真诚地信奉其宗教的道德的，同样的道理，很多如今害怕看到他的行为的人们，如果在他那个时代生活，而且是犹太人，也一定会采取像他那样的行动。有些正统基督教徒总是觉得，相比自己，那些把第一批殉教者杀死的人要坏一些，他们应当记住，那些迫害者之中一个叫圣保罗（Saintpaul）的人。

我们再补充一个例子，假如在衡量这个错误的感印性时，是从错误者本人的智商和道德的立场出发的，可以说是最让人心动的了。如果曾经有个人，不仅权力加身，而且自诩为时人中最好和最明智的人，那就非马卡斯奥吕亚斯大帝（Emperor Marcns Aurelius）莫属了。他作为整个文明世界的专制君主，不仅非常公平，而且将从其斯多噶学派教养中最值得期待的温柔心境都保持得非常好。他的缺点只是表现在放纵这一方面，而他的著作被誉为古代人最推崇的道德产品，和基督的最称特征的教义相比，也只有极小的差别，假如这种差别真的存在的话。而这样一个基督徒，在排除教条主义以外的所有意义上，超过以往任何一个声名卓著的基督徒元首的人，竟然对基督教进行了残害。在人类之前所有成就上，他位于顶端，他拥有开放的智力，他有引导他自己在其道德著作中把基督理想表现出来的品质，可是竟然没有看到对于这世界——这世界是他已经深陷至其义务的——基督教是有价值的，而不是有害处的。他非常清楚当时的社会情况。虽然是这样，要是他发现，或者他希望他发现，这世界之所以还是一个整体，而且没有变得更恶劣，是因为其相信公认的神道。他作为一个统治人类的人，觉得自己的责任就在于团结整个社会，而他又无法看到，如果解除了社会现有的纽带，如何才能形成任何其他纽带，从而重新编结社会。而新的宗教的宗旨则是把那些纽带公开解散。所以，除非他把采取那个宗教当作他的责任，看起来，他的责任就在于消灭它。如此一来，因为他觉得基督教的神学不是真理或者不是从神旨而来，因为他觉得那种钉死在十字架上的上帝的荒诞历史太令人难以置信了，而这样一个在他完全无法相信的基础上建立起来的思想体系，当然不会被他认为是那种调整的驱动力（其实经过证实，遭到所有打压以后，它依然是那样的），于是这位令人尊敬、和蔼可亲的哲学家统治者，受到一种严肃的义务的感召，竟然开始迫害基督教。不管是在我心里，还是在所有历史中，这件事都是极具悲剧的事实之一。我只要想到，如果基督徒的信仰被采为帝国的宗教，是受到马卡斯奥吕亚斯的庇护，而不是在君士坦丁的庇护之下，那么世界上的基督教一定会大不相同，我便会觉得难受。可是不得不指出的一点是，马卡斯奥吕亚斯觉得只要是给处罚反基督的教义提供的辩护，都适用于对传播基督教进行处罚，就像他所实施的那样。如果我们不承认这一点，对他的评价就是有失偏颇的，也是不符合实际的。所有基督教都觉得无神论是正确的，而且朝解散的方向发展，而在当时所有人中，他还称得上是对基督教最为理解的人。如此看来，我便要给所有赞成处罚传播意见的人提个醒，除非他说和马卡斯奥吕亚斯相比，他自己要好得多、聪明得多——比他更能理解时代的智慧，从智力的角度来说，所拥有的智慧远远超出时代，和他相比，更擅长对真理进行探求，而在找到真理以后，坚守的力量也比他大——他就应该反思，不要一味假设自己的和群众的不可能错误性，要知道，伟大的安东尼（Antoninus）确实是这样做的，可是后果却极其惨烈。

宗教自由的敌人们也发现，必须用论据合理化马卡斯安徒尼拿斯，才能用处罚的办法来对不信宗教的意见的行为辩护进行约束。在被步步紧逼的时候，他们有时也对上述结果表示认可，于是他们就随着约翰生博士（Dr. Johnson）一起说：残害基督教的人是没错的，残害这个大难是上天早就定下的，真理是会得到认可的，而且早晚会得到所有人的认可，因为法律的处罚最终没办法和真理唱反调，尽管和有害的错误唱反调时，有时效果是好的。这是论证宗教上的不宽容的一种形式，这种形式应该引起我们广泛的重视，不应该忽略。

尽管我们不能斥责这种因为迫害无能、残害真理而将迫害真理当作合理的学说，认为这是有意不接受新真理，可是我们实在是不能用宽厚来形容那些对待加惠于人类的人们，导致其对他们自己问心有愧。要知道，找到世界中一些与它关系密切，而它之前却不知道的事物，告诉世界在某些关系俗界利益或灵界利益的关键点上，它曾经产生过误会，这是一个人可以做到的给其同胞提供的重大服务，在某些事情上所做出的贡献是等同于早期的基督徒和以后的改革者的，和约翰生博士有相同想法的人也相信这是可以馈赠给人类的最珍贵的礼物。可是这个学说竟然认为，如此杰出的惠益的主人应该得到的回报是将自己的身体献给道义，他们的回报却是被视为最恶的罪人，而这还没有将人类应该服麻捧灰以示悲痛的难过的错误和不幸包括在内，却称得上是正常的事情，可以解释为合理的状态。按照这个学说，但凡主张一条新真理的人，都应该像，而且已经像处在罗克里斯人①（Locrians）立法会议中那样，要在脖颈上套一根绞索，然后提议一条新法律，如果他在把理由说完以后，并没有得到群众的认可，那么就马上把套绳收紧，勒死他。凡给这种对待加惠者的办法提供辩护的人，我们想象不到，他会如何评价那个惠益，而我相信，持这种观点的人一定觉得新真理可能曾经有用，可是如今我们已经有了更多真理。

事实上，说真理一定会打败迫害是个伪命题，人们持续传播下去，直到变成陈词滥调，事实上，所有的经验都证实根本不是那么回事，迫害行为压灭真理的事例在历史上屡见不鲜。哪怕不是彻底压灭，也会让真理倒退不少世纪。单从和宗教有关的意见来说吧，在路德（Luther）以

① 据荷马的《伊利亚特》记载，小埃阿斯带领 40 艘战船的罗克里斯人参加了特洛伊战争。

前，宗教改革最起码爆发了二十次，而且无一例外都遭到了镇压。勃吕西亚的阿诺德（Arnold of Brescia）、多尔契诺（Fra Dolcino）、萨旺那罗拉（Savonarola）、阿尔拜儒之徒（Albigeois）、佛奥杜之徒（Vaudois）、乐拉之徒（Lollard）、胡斯之徒（Hussites），全都遭到了镇压。哪怕路德时期以后，迫害不管出现在哪里，无一例外都成功了。西班牙、意大利、东西佛兰德（Flanders）、奥帝国的新教都被连根拔除了。如果英国的玛丽女王（Queen Mary）还在世，或者伊丽莎白女王（Queen Elizabeth）死了，也早就那样了。一直以来，迫害从没有失手过，除非有些地方的异端者已经发展到特别强大的地步，以至于无法形成有效迫害。所有讲道理的人都会质疑，基督教曾经差点在罗马帝国被毁灭。正是因为多次迫害都只是偶尔发生的，持续的时间又非常短，其间穿插着非常长，而且鲜少受到影响的宣传时间，所以它才能够广泛传播开去并占据优势。据此可以看出，如果真理只因为它是真理而拥有什么恒定不变的力量，可以和错误相对抗，可以遭到监狱和炮烙的打压而一直占据优势，这就是一种虚无的情操。要知道，人们在错误上的痴迷程度，和人们在真理上的痴迷程度其实是差不多的，而一旦将足够的法律的处罚，或者只是社会的处罚派上用场，通常情况下，都会对二者起到震慑作用，不会让其继续宣传下去。真理的优势就在这里体现出来了：只要一个意见是真确的，虽然可以多次被消灭，可是在漫长的岁月中，通常都会被人们持续不断地发现，直到某天再次出现时，正好遇到了比较好的时机，有幸逃过迫害，直至崭露头角，可以和之后再想要压制它的所有努力相对抗。

人们会说，如今我们已经不会再处死提倡新意见的人了，我们也和先人不一样，不会将先知者杀掉，我们甚至还会帮他们修建坟冢。真的，我们已经不再将异端者处死了，现代舆论对于哪怕是最有害的意见也予以容忍，不会将那些意见根除掉。可是，我们不要自我安慰，觉得现在已经不会遭到法律的迫害了。处罚意见，或者最起码处罚表达意见，依然存在。哪怕是在近代，执行这些罚章的也并不是一个都没有，以至于人们可以对其有一天会完全复苏表示质疑。1857 年，就有一个倒霉的人出现在康沃(Cornwall)郡的夏季巡回裁判庭上，据说这个人在生活各方面都很普通，后来却被判了二十一个月的徒刑，只是因为说了和在门上写了几句亵渎基督教的话。就在同一个月内，在旧百雷（Old Bailey）这个地方，又有两个人想当陪审员遭到了拒绝，其中一人还遭到了推事或律师的羞辱，只是因为他们坦诚并不信仰什么神学，而且还有一个外国人，由于相同的原因，被禁止控诉一个小偷。这种不允许抱怨求偿的做法，是以法律上的一条教义为依据的，也就是说，只要是不以一个神为信仰（不管什么神都行），不以彼界为信仰的人，都不能出庭作证。这相当于声称这种人是法外之人，是不受法庭的保护的，这不但相当于告诉人们可以肆无忌惮地攻击他，只要没有外人在场，只有他们自己或持有相同观点的人在场，相当于告诉人们可以进攻任何人，而不会受到任何惩处，如果要对这一事实进行证明，证据就是他们自己的话。这条教义又将这样一个前提视为依据，即，但凡不以彼界为信仰，这样的人的誓言就毫无意义。这个命题昭示，对它表示认同的人太不了解历史了（因为真实的历史是，不管哪个时代，虽然很多人没有信仰，可是却都取得了举世瞩目的成就），普通人只要稍加留意就会发现，有很多道德和成就享誉世界的人都是没有信仰的人，这是众人皆知的事实，最起码人们是了解的，这个命题就再也不会有人提出来了。更何况，这条规律又是自我毁灭性的，它把自己的基础撤销了。但凡前提是无神论者一定是不说真话的人，所有愿意说假话的无神论者来当证人都得到了它的允许，只有那些有勇气冒不韪，甘愿相信一条被所有人厌弃的信条而不愿意对一点虚妄之事加以认可的人们拒绝了。践行这样一条自诩和其目的背道而驰的规律，只能被当作痛恨的象征，迫害行为的残骸和迫害行为自身是一回事，而且遭到迫害的条件刚好证明了不应受迫害。而且，对于有信仰的人来说，会极大地受到这条规律以及它所含的学理的侮辱，和侮辱没有信仰的人相比毫不逊色。原因是，假如不以彼界为信仰的人一定要说假话，那么只要以彼界为信仰的人就一定不要说谎，如果他们规避了这一点的话，只是因为担心下地狱。我们暂且不要伤害创作这条规律和教唆这条规律的人，也暂且不说他们是从自己的意识出发，才形成了基督道德的概念。

毫无疑问，迫害行为所残留下来的东西就是这些，可以不当作准备实行迫害的象征，英国人的心理通常比较柔弱，当自己已经坏得不能再坏了，想要践行一条坏原则时，却一反常态地很高兴提倡那条原则，以上残留情况刚好可以被看作这种心理状态的一个例子。可是，倒霉的地方就在于，公众并不能保证已经停顿了将近一代的更坏形式之下的法律迫害会不会继续停顿下去。在如今这个年代里，想要复苏旧罪恶的行为会扰乱日常事物安静的表面，就像为了试着提倡新惠益所做的那样。在见识不够广阔的人们心里，如今所说的宗教复兴最起码也是复苏了迷信，而有的地方，只要人民情绪中还存在激烈的、酝酿已久的不包容思想——这是不管什么时候都在我国中等阶级之中存在的——总是可以毫不费力地对他们起到挑拨作用，让他们努力去残害从来没有被残害过的正当对象。也正是因为这一点，我们这个国度才变成一个精神上受到束缚的地方，对于他们所格外关注的信条，他们也是这样看待那些没有信仰的人的。在过去漫长的时光里，社会的诋毁被加强正是法律处罚的主要弊端。而真正有用的东西正是社会的诋毁，这种效力竟然让英国在社会戒律之下，敢于提出观点的事要远远少于在法律处罚的危险之下所提出的事。在提出观点的问题上，对于除了因为经济情况对于他人的善意视若无睹的人以外，舆论的效力和法律是一样的。人们不仅可以被扔在监狱里，也可以不被允许知道获取面包的方法。那些已经得到面包，而无需感恩于有权势的人或团体，或公众的人，在把自己的意见提出来时，也丝毫不用顾忌什么，只需担心能不能得到别人好的评价，而他们承受这些则不需要什么伟大的英雄个性。对于这种人，是无需抱同情心替他们申辩的。可是，尽管我们已经和从前不同，不会让想法和我们不一样的人承受很多灾难，可是可能会把我们现在对待他们的办法用在我们自己身上，制造出和之前一样多的灾难。虽然苏格拉底死于非命，可是苏格拉底的哲学却发展得非常好。整个知识天空都被它的光照亮了。虽然基督徒成了狮子的食物，可是基督教却日益成长起来，比那些较老而较少活力的生长物长得好得多，而且还遏制着它们的生长。如今我们的社会只是有点不宽容，这不但不会把一个人杀死，也不会把什么意见剔除，可是这却引诱人们隐藏起意见，或者尽量不去传播意见。站在我们这一代的角度来看，异端意见几乎没怎么取得过阵地，甚至还把它们的阵地弄丢了。它们从来没有被广泛传播过，而只是默默地在一些擅长思考的人的窄小的圈子里传播。它们源于那些人中间，却从未影响人们的一般性事务。如此一来，这样一种事态就形成了，有些人觉得还比较满意，因为这里没有处罚什么人、没有关押什么人的不快经历，就很好地维持了所有得势的意见，而与此同时，也没有完全制止那些沉溺于思想痼疾的异议者运用理性。对于保持知识界的平静、确保其中所有事务都和往常一样，这个方案倒是不错。可是这种为了维持知识表面的平静所付出的代价，却是将人类心灵中所有道德勇敢性都牺牲了。很多积极、擅长研究的知识分子都觉得把真正的原则、信念的依据都隐藏起来是再好不过的，而在公开场合，则让自己的结论和他们内心所放弃的假设相吻合，当然是基于这种事态——那种曾经让知识界变得开明的人物和符合逻辑且一直都是如此的知识分子是绝对不可能出现的。在这种事态下，只能找到滥调的应声虫或真理的应时货，在论证所有关键性题目时，他们都是为了迎合听众，而不是为了自己所信仰的东西。还有些人不属于这两种人，把关注力放在一些说起来不会触犯原则的事物上，也就是一些非常细微的实际性问题上——只要人类心灵变得强大，自己有能力做到时，这些事情也并非到那时才能真正弄好。到那时，人们就会放弃那些会让人们的心灵强大，以及人们敢于想象最高问题的事物。

凡是觉得异端者这种沉默称不上灾难的人，先要好好思考一下，这样沉默下去，异端意见是不可能被公正探讨的，而一些不容探讨的异端意见，尽管不允许传播，却也不会就此销声匿迹。因为所有不属于正统结论的讨论都被禁止了，所以异端者的心灵还是被伤害得很严重。那些非异端者才是遭受到最大损害的人，因为担心异端之名落到自己头上，他们无法自如地发展精神，理性显得痴挛了。世界上有不少前景光明的知识分子和柔弱的人，从此变得怯懦，不敢追求自成一体的、朝气勃勃的思想，害怕自己陷入不信教或不道德的旋涡——请问这世界遭受了什么样的挫败？我们在这一大群中偶尔还可以看到某个有良心、了解深入的人，把其一生的智力都献给了矫作世故，并尽一切可能调和良心和理性所压迫的东西和正统的人，而最后可能还一败涂地。要知道，一个思想家的首要责任就是在其智力的导引下有所作为，而不管它会将你引向什么结果，只有了解到这一点的人才能成为一个杰出的思想家。但凡付出足够的努力去思考，就不会产生错误，另一些人因为不想思考，而持有真确的意见，这两种情况下相比，后者得到的东西要远远少于前者所得的东西。还不仅仅是为了或者主要是为了成为一个杰出的思想家，才追求思想自由。反之，为了让一般人都能获得他们的精神体量，思想自由同样不可或缺，甚至更加重要。伟大的个人思想家曾经在精神奴役的一般气氛中出现过，而且以后还会出现。可是，一种有着完全智力的人民是不会在那样的气氛中出现的。假如哪一国的人民短时间内和那种个性很接近，那是因为害怕异端思想。只要原则一律不允许争辩的暗契在哪里出现，只要和占据人心相关的最大问题的探讨在哪里结束了，我们就不能对那种曾经让某些历史时期尤为突出的一般精神活跃的高度水平抱有希望。而且，只要所谓争论绕过了那些既关键又重大、会让激情燃烧的题目，人民的心灵就不可能被扰动，而所带来的推动作用也不可能提升智力平常的人，让他们拥有思想动物的自尊。那种活跃情况在三个历史时期出现过：一个是宗教改革结束以后一段时间内的欧洲，一个只限于欧洲大陆，而且只限于文化层次较高的阶级，那是发生在十八世纪后期的思考行动，还有一个时期持续的时间更短，就是在歌德和费希特（Fichte）时期，德国在知识方面的跃进。在其所衍生出的一些特定意见上，这三个时期是截然不同的，可是有一点是相同的，那就是在那三个时期中，权威不复存在了。旧的精神在那时已经不复存在，而新的还没有出现。而欧洲之所以会变成现在这样，则要归因于那三个时期的推动作用。不管是在人心方面，还是在制度方面，其所取得的进步都可以追溯到三者中一个。可是很长一段时间以来，有些现象说明那三项推动作用几乎不存在了，如果我们再不主张精神自由，我们就对新起步不抱什么希望了。

现在我要对论证的第二部分进行论述，先假设所有公认意见都是对的，之后再考核一下，假如不公开探讨并提倡那些意见的真确性，根本谈不上什么价值。但凡拥有一种坚定的意见，无论如何都不想承认其意见有可能是错的，只要想一想，不管他的意见多么正确，假如不时常被探讨，那么尽管它被提倡，也只是作为死的教条，而不是作为活的真理——只要想到这一点，他就应该被触动了。

有一类人（幸亏比以前少得多）认为，对于他们觉得正确的意见，只要有人坚定不移地选择相信，尽管完全不了解它的根据，在最无知的反驳面前，也不能帮它辩护，那也足矣。这样的人只要领悟到权威方面告诉给他们的信条，就自然会想，假如还允许责问这信条，那就有害无益。这样的人一旦得势，就会让人们以愚蠢的方式对一个得到世人公认的意见加以驳斥，尽管方式粗鲁且浅薄，原因是，根本不可能完全禁止讨论，而当它如果实现了这一点，信条假如没有坚实的信仰作为根基，只要遭遇辩论，自然就会逃之夭夭。从根本上来说，哪怕不提丢掉这个可能性——就假设心中深植有正确意见，可是作为一个固执的观点、一个没有得到论证的信条、一个驳斥论证的论据而深深扎根于心里——一个理性动物在主张真理时也不应该这样做。这不是和真理相符的。这样的真理，还不如说是一个迷信。

如果应该培养人类的智力和判断力（最起码新教徒是承认这一点的），那么请问一下，对一个人的这些能力进行锻炼，选择什么事物最合适呢？难道最合适的不是那些和本人密切相关，以至于对它们不得不持有观点的事物吗？如果在培养理解力时，相比之下，一个事情要比另一个事情强，在了解了自己的观点的依据后再进行当然是最好的。在一些必须保持正确的题目上，不管人们相信什么，最起码在一般的驳斥面前，总可以为它申辩。可是有人会说："告诉他们意见的依据就好了，一个意见不会因为争论没有被听到就被冠以学舌的称号。比如说，学习几何学的人并不是单独记忆定理，也对演证的过程了如指掌，如果因为他们从来没有听到什么人拒绝承认并试图证倒几何学的真理，就认为他们根本不了解几何学的真理的依据，那也太荒诞了。”假如只提到像数学这一题目，错的一方要说的东西根本没有提及，那么这种说法就是没错的，这一点毫无疑问。数学真理的论据的特殊之处就在于，所有论据都集中在某一方。这里不存在驳斥，也不存在回复驳斥。可是在所有也许存在不同观点的题目上，真理却似乎在一架天平上摆着，需要两组对立的原因来对比。哪怕在同一种自然哲学中，在对同一事实进行解释时，也可能会存在不同的观点。比如说，有用地球中心说取代太阳中心说的，有用热素论取代氧气论的，这就一定要说明那一说不能成为真理的原因所在，除非已经清楚说明了这一点，而且我们也知道它的说明方式是什么样的，才能说我们对我们所持观点的依据有所了解。至于一些更加复杂的题目，像道德、宗教、政治、社会关系、生活事物等，在所有会引起争论的观点中，有一大半的时间要用来对一些对不同观点有利的现象进行排除。古代有个特别伟大的演说家曾经说过，他在研究敌方的事情时，最起码要用和研究自己的事情时一样的强度，甚至要比研究自己的事情的强度更大。西塞罗在公开辩论时屡屡获胜原因就在于此，为了实现真理而对任何题目进行研究的人都需要模仿他这一点。对于一件事情，假如一个人只是对他自己有所了解，而不了解那个事情。可能他的理由非常充分，还没有被他人驳倒过。可是如果他也同样没有把对方驳倒的理由，也不清楚如何驳倒，那么他在这两种意见间进行选择时就没有依据可言。这时他应该做的是，先搁置他的判断，假如他心有不甘，他要么跟从权威的脚步，要么和世界上的普遍情况那样，被自己的情绪牵着走。再补充一点，一个人在将敌方的论据吸收过来时，只把自己的教师们转述的样子吸收过来，还包括他们提供的可以辩护的东西是不够的。在对待论据时，这样做是有失公允的，也不会和自己的心相触碰。他的论据必须来自真诚地相信那些论据、诚心诚意给他们辩护，并为了它们不惜付出一切代价的人们那里。他必须对那些花哨的表达论据进行剥离，要了解那些论据，他必须有正确见解，以及解决难题的所有压力，要不然他就不可能掌握解决那个难题的真理。大部分接受过教育的人都是如此，甚至那些为了自己的观点，洋洋洒洒说很多的人也是如此，只有百分之一例外。可能他们的结论是正确的，可是对于他们所了解的东西来说，这却是个伪命题。他们从来没有站在那些不同于他们的思想的人的精神立场上，去思考一下那些人的想法，所以，如果从字面意思来理解，可以说他们对自己所信仰的教义一无所知。他们不知道，一个教义的某些部分完全可以对其他部分进行说明，而且说明是完全合理的。有些考虑完全可以对两个看起来相互矛盾的事实其实是可以调和的进行说明，或者完全可以对看上去非常充分的两个理由之间的抉择进行判断，这一点他们也是不了解的。总的来说，他们根本不了解那些完全可以转化比例、完全可以对一个深入了解者进行判断的那部分真理，而要真正对那部分真理有所了解，只有将双方都考虑在内，不偏不倚，并试图在最亮的光线下对双方的理由进行考察的人才能做到这一点。这条纪律对于真正理解一些道德的和人文的题目来说是最基本的，甚至在所有重要真理上，假如反对者不出现，我们还必须想象出一些反对者，并将最有力的魔鬼辩护者提供给他们，以将最有说服力的论据编造出来。

为了对以上那些思考的内容加以削弱，对自由进行探讨的敌人可能又会说，对于哲学家们和神学家们可以说的反对或认可其观点的所有道理，不需要让人类都知道，并有所了解。他们没有必要让一个普通人，把一个天才反对者的所有谬论都揭示出来。他们说，只要有人可以对那些谬论进行回复，对所有那些会将不学的人们向错误的东西引领而去的东西进行批驳就足矣。他们说，一些想法单纯的人，既然有人告诉他们被一再传播的真理，就可以将其他事情都拜托给权威人士，既然他们知道自己没有才能，没办法对所有提出的难题加以解决，当在这项工作中接受过特殊训练的人们已经或者可以保证解答所提出的所有难题以后，就完全可以去休息了。

对于这个观点，我先退一步，先到那些最容易满足理解真理的（这应该和信仰真理一并而行）数量上的人们那里所要求的最大值去，哪怕是这样，对讨论自由加以认可的论据也并没有遭到打压。因为即便是这个观点，也对人类应该有一个理性的保证表示认可，也完美地回复了所有反驳。既然是这样，就只有把需要得到回复的反驳都说出来，它们才能得到回复。假如反驳者无法把回复是不让人满意的表达出来，又如何知道回复是个人满意的呢？哪怕公众不需要，最起码要对难题加以解决的哲学家和神学家还是必须对那些难题有所了解，而且在让人疑惑的情况下对它们有所了解，而要做到这一点，就必须自由地把它们表述出来，并将它们放在最明亮的光下才行。天主教有办法对这个棘手问题加以解决。在它的区分下，人们大致被分为两类：一类是可以把直接的信仰告诉给他们，并让他们接受它的教义；一类则必须用委婉的信赖来对它们予以接受。当然，二者在不允许接受什么这一点上并不是毫无选择的，可是教士们，最起码可以完全相信的教士们，因为要回复反对者的论证，则对那些反对的论据有所了解，并获得嘉奖，所以有机会读到异端的著作，而普通人就很难有这样的机会了，除非得到特别的许可。这条纪律就对宣教者了解敌方事情的知识是有好处的进行了认可，可是它又想出与之平行的办法，让世界上其他人对这一点表示陌生，这样就让所谓选士所得到的精神教化要比普通人多一些，尽管不是更多的精神自由。天主教正是将这个方案派上用场，才得到了其想要在精神上实现的优先权，因为没有自由的教化尽管不可能造就一个开放而自由的心灵，可是却可以造就一个在乡村巡回法庭中给一桩案进行辩护的辩护士。可是这种解救办法在信仰新教的国家里却是遭到拒绝的，因为新教徒觉得每个人都应该自己承担选择一个宗教的责任，而不是由宣教者来承担，最起码在理论上是这样的。更何况，基于世界的形势，根本不可能封锁学者可以读的著作。假如要让人类的宣教者对他们理应知道的所有东西都有所了解，就一定要让所有东西都享有充分的自由，可以被自由地创作并发表。

进一步说，当公认意见都是正确的时，自由讨论的缺失的害处只是让人们对那些意见的根据一无所知，也许还可以说哪怕这种危害存在于知识方面，还没有涉及道德，从意见影响品性这一方面来说，这对意见的价值还没有造成损害。实际上，在讨论缺失的情况下，人们不仅遗忘了意见的依据，还时常遗忘了意见的价值本身。在这种情况下，将意义表达出来的字句就不会再对什么观念进行提示，或者只是对它们之前所用来表达观念的一小部分进行提示。没有了鲜活的概念和信仰，只有一些老套的词句被保留下来了，或者如果说还保留下来了什么部分的话，那也只是意见，没有了内在的精华。在人类历史中，被这种事实所填充的巨大篇章数不胜数，认真思考还是很有必要的。

这一点在差不多所有道德教义和宗教信条的经历中都得到了说明。对于其创始人和他们的宣传子弟来说，那些教义和信条原本是朝气蓬勃的。只要让它们持续性占优势，人们就会一直对它们的意义有所感觉，甚至还会在更加深刻的意识中加以阐述。可最后的结果是，它要么占据优势后成为普通意见，要么原地踏步，只对已有的阵地加以捍卫，而没有继续往前发展。只要出现这两种结局中的一种，人们就不会再热烈探讨这类题目，并逐渐消失于无形。于是，这教义就获得了一种地位，哪怕称不上一个大众认可的意见，也称得上是一种得到认可的派别或部类，而提倡它的人通常也没有接受它，而只是责罚它。而这些教义的转变已经成为一种不可能的例外之事，所以在宣称者的思想中也就没什么地位可言。这时，他们的防备也下降了不少，要么在世界面前权衡自身，要么向世界争取让目光聚焦在自己身上，他们已经进入一种默认的状态，不仅对反对他们的信条的论据（只要他们忍得了）充耳不闻，也不打扰对那个信条的论据有好处的异议者（如果这种异议者还存在的话）。这教义的活力从这时开始往往就有衰退的迹象了。所有信条的宣教者常会一脸悲戚地说，要让信徒深刻地领会他们表面上承认的真理，以情感的方式对行为进行主导，难度实在太大了。当一个信条还在为其生存而奋斗时，这种困难引起的抱怨是不存在的，哪怕一些斗士再弱，也非常清楚他们奋斗的目的是什么，也深知它不同于其他教义的地方在哪里。在每个信条存在的那个时期，很多人都曾经把那个信条的基本原则用思想的所有形式表现出来，会认真思考那些原则的重要意义，也会对那个信条在品性方面的效果加以体会，那是在一个彻底受到那个信条的影响的心灵中应该出现的效果。可是，那个信条一旦变成承袭的东西，而人们是被动接受的，也就是说，一旦心灵在信条所提示的问题上不再像一开始那样尽力施展生命力时，就有一种一步步向前发展的趋势遗忘掉这信条的所有东西，除了一些公式以外，或者只是漠然地认可，似乎只是出于信任才接受它，而觉得不需要在意识中予以体现，或者通过切身实践来体会。最后，它和人类内心活动慢慢失去联系。于是，这个世界，这个年代，就时常有占据优势的这种事情出现：信条之存在不在人的内心，它只是阻挡人心硬化和僵化，以让人性更高部分的其他一切受到影响，只作用于人心，让其不接受任何新的信念，而其本身只是让一名哨兵的心智变得更加空虚，没有其他作用。

事实上，最扣人心弦的教义变成人心中没有活力的信条，而不能体现在想象中、情感中或者理解中，大部分基督教信徒对待基督教教义的情况可以用来证明这种情况会达到什么程度。这里所说的基督教，是指在所有教会和教派的描述下所呈现出来的东西，即《新约》中所涵盖的那些教条和警句。所有自诩基督徒者将这些东西都看作是神圣不可亵渎的，并严格遵守执行。可是，实事求是地说，几乎没有基督徒会真的遵守那些法则。他所遵守的是他所属国族、所属阶级，或者他所任的宗教职业的习俗。于是，他就开始中和前后两套标准，前一套标准是一套道德的格言，他深信这些管治规则来自一些绝对正确的智慧的赠予，后一套标准是平常生活的践行，从某种程度上来说，其中有一部分和某些条格言是相重合的，和另一些格言存在差异，和某些格言则是相悖的，而从整体上来说，则是调和了基督教信条和俗世生活中的好与坏。他敬仰前一套标准，却从内心深处臣服于后一套标准。所有基督教徒都相信，穷人、贱人和遭到虐待的人才是上帝赐福的对象；富人要想进入天国，实在是难于上青天；他们不能裁判，要不然受到审判的就是他们自己；他们不应该对神发誓；他们应该像爱自己一样爱身边的人；如果有人要把他们的外衣拿走，他们应该把自己的上衣也送给他；明天不应该在他们的考虑范围之内；假如他们想越来越好，就应该把自己拥有的一切都卖掉，并送给穷人；他们是真诚地相信那些事情，就像人们相信自己耳边萦绕的都是赞美的话，而有所讨论的事物从来没有出现过一样，他们是真的相信那些。可是，假如从一个鲜活的信仰是如何对行为进行制约的这个角度来说，他们所信仰的那些教义就只是达到了它们往常作用于他们的那一点。当那些教义处于完整的状态时，假设他们把它们派上用场对敌人发动攻击，是大有用武之地的；假如有人做了在他们看来值得赞美的事情，也要（当情况允许时）提出那些教义就更没有什么好说的了。假如有人告诉他们那些格言还对他们想象以外的很多事情提出了要求，那人就将竹篮打水一场空，而被归到那种争强好胜的队列中。也就是说，在一般的信徒那里，教义是毫无根基可言的，他们并不看重它们。他们只是习惯性地敬仰那些教义的声音，却没有从字面意思延展到所指事物的感想，可以强迫心灵汲取那些事物，并让它们和公式相符。总的来说，只要和行为相关，他们到处去找人，来告诉他们要在多大程度上服从基督。

可是我们相信，事情在早期的基督徒那里并不是这样的，而是另外一种情形，如果事情过去真的是这样，那么基督教也绝不会发扬光大，从一个隐晦的教派发展成为罗马帝国的国教，而且宣扬者还是遭到人们蔑视的希伯来人。

当他们的敌人过去说，看那些基督徒是多么互敬互爱时(现在估计没有人再说这句话了)，毫无疑问，那时的他们对于自己的信条是有着深切的体会的，而以后则遭到了很大的削减。也许主要就是这个原因，基督教现在才扩展得这么慢，而在十八个世纪以后，几乎只有欧洲人和欧洲人的后裔知道。如今哪怕是最严格意义上的教徒，哪怕是那些非常认真地对待自己的教义，也更加了解若干教义的意义的人，往往也只有喀尔文（Calvin)、诺克斯（Knox)，或者其他个性和他们相似的人物所说的东西，在他们心中有着朝气蓬勃的生命力。在他们心里，基督本人的话语是无足轻重的，所起到的效果和聆听一些和蔼可亲的话语所带来的效果差不多。相比所有公认教派所共有的教育，为什么作为某一教派所特有的象征的教义的生命力要更强？在保持后者的意义的活跃性时，宣教的人为什么觉得要承受的苦难更多，理由当然是多种多样的，可是有一个理由是毫无疑问的，那就是，凡是独树一帜的交易，都要承受更多的苦难，都需要在公开场合为自己辩护。而在战场上所向无敌的时候，不管是学者还是教者，都可以安心地去睡觉了。

通常情况下，上述道理对于所有传统教义，像生活智慧、生活知识以及道德或宗教方面相关的传统教义都是适用的。有关生活的一般议论充斥着所有言语和文章，其中不仅讲到了生活的概念，还讲到了生活中如何做人，所有人都知道这些议论，所有人都在复述，或者是默许的，大家也都是把它当作显而易见的道理予以接受的，可是大多数人真正了解到它的意义却只是在亲身体验——一般是不太好的体验中。一个人通常只有在经历某种无法逆转的悲痛之后，才会想到他一直习以为常的某些谚语或常谈，假如他能早一些知道这些谚语和常谈的意义，就可以免遭不幸，这种情况太常见了。所以，这种情形的存在，当然除了讨论以外，还有很多理由：有很多真理的意义，一定要个人有亲身体会后才能有深刻的认知。可是一个人只要经常听到了解某种真理的人的辩论，就会更深刻地了解它。一看到事物，人类就不再发出疑问，他们之所以会犯错误，一半的原因都是出于这个致命的倾向。

这说的什么呀？人们会问，难道正确的知识的前提必须是不一致吗？难道为了让一部分人了解真理，另外一部分人就要在错误的道路上一直走下去吗？只要一般人接受了一个信条，难道它就没有生命力了吗？难道一个信条有疑问，就不能被人完全了解吗？这是不是说，人类一旦普遍接受了某个真理，这个真理就会慢慢消失？大家一直都在想，对知识进行改进时，要达到的最高宗旨就是认定所有重要的真理，更好地联合人类。难道知识只存在于它还没有实现它的目标的时候吗？因为完全的胜利，征服的果实就不复存在了吗？

那些说法并没有得到我的认同。当人类一天天进步时，从数量上来说，不再有争辩或不再有疑问的教义一定会持续上升。而且也可以说，在衡量人类福祉时，所采用的标准正是完美的真理的数量和重量。存在严重质疑的问题越来越少，当意见一步步趋于凝固时，这是必然会出现的事情之一。从正确意见的角度出发，这种凝固化当然是有好处的，可是在错误意见方面，却也一样存在害处。所以，在既无法规避，也必然存在的双重意义下，尽管说意见差异界限愈发缩小是必然的，可是我们不能因此就下结论说，它所产生的后果都一定是有好处的。在生动地领悟一条真理方面，把像胁迫着丢掉那条真理为反对者辩护所提供的那样一个强大的助推力一样，对比这个损失和获得那条真理得到大众认可的利益，虽然无法把后者压倒，也会起到很大的牵制作用。因此，当无法再有这种助益时，人类的宣教者尽力提供一个代替物是我所愿意看到的情形，就是说，总要千方百计让学习者意识到问题的困难，就如同一个意见不同，而急于改变他人观点的竞胜者让他看到它们一样。

可是人们不仅没有去寻找实现这个目的的方法，而且还弄丢了之前的方法。像柏拉图对话中所展示的宏伟的苏格拉底式辩论法，就属于我说的这一种。其主要是从反面探讨和哲学、生活相关的一些非常重大的问题。在高超的技巧的指导下，为了对那种只是采纳公民意见的一些老套说法的人进行说服，让他明白自己对那个题目并不是很了解，让他知道他并没有赋予一定的意义给他所信奉的教义。如此一来，当他明白自己的浅薄以后，就可以在实现坚定信仰的道路上前行，让那信仰具有这样一种基础：对教义本身以及教义的证据的意义都是清楚的。再说中世纪的学院论证的目标多少也有一样的，那是为了让学生对他自己的意见有所了解，也（一定有所关联）对与之对立的意见有所了解，可以让前者更有依据，也可以把后者的依据驳倒。当然，这种学院论战有非常致命的不足之处，就是它所仰仗的前提来自权威，而不是来自理性，而将之当作心灵的训练者来说，不管在哪个方面，它都比形成所谓“苏格拉底之毒”的智力的那种强有力的辩证法要逊色。可是，实事求是地说，和后者一样，在比一般人甘愿承认的程度大得多的程度上，对于近代人心，它也做出了贡献。而现代的教育方式即便在最低的程度上，也找不到任何东西可以对二者之间的任何一个地位进行填补。当一个人的教训全部来自教师或者书本，即便将围上来要诱惑自己的强行灌注躲开了，也必然不会被强制性要求去兼听双方，所以（甚至在思想家当中），兼知双方面取得什么成绩就更不可能了。于是，他在为自己辩护时所提到的最差的部分就是他想要给敌方的回复。现在比较流行的做法是，对反面的逻辑进行贬抑——这种逻辑只把理论中的不足之处或实践中的错误指出来了，而没有把正面的真理建立起来。这种批判反面的例子如果作为最终结果，确实非常不足。可是如果作为实现一种名副其实的正面知识和信念的一个方式，那是无论怎么评价都是中肯的。可以说，除非人们再次接受有系统的逻辑训练，否则将来出现的大思想家的概率肯定不高，而除了物理和数理部分以外的任何思想方面，所出现的智力水平都非常低。在任何其他题目上，当得起知识之称的意见一个都没有，除非因为别人强加或自己主动，经历过像反对者主动给他提供的精神活动的过程。这样说来，这样的东西如果不存在，就会显得非常必要，想要创造它又这么难，而当它自己主动出现时，却被摒弃了，这也太荒谬了！所以，假如有人质疑公正意见，或者有人只要得到法律或舆论允许就质疑公认意见，那么我要对他们表示感谢，要公开聆听他们，还要为此感到欢欣鼓舞，因为有人帮我们做了，要不然我们自己就要亲力亲为（只要我们还关心信念的确定性或生命力的话）那些劳心费力的事情。

上述是从意见有纷争有好处的角度所列举出来的一些主要原因（这里将持续下去，直到人类知识迈入一个新阶段，而从目前来看，还有很长的距离），现在要讲最后一条。截止到现在，我们都只对两种可能性进行了思考，一种是假设公认意见是错的，进而推断出某些其他意见是正确的，另一种是假设公认意见是正确的，那么它和对立错误之间的矛盾便对其真确性的深刻体会有帮助。但是还有一种事情比这两种出现的概率都高，那就是两种彼此矛盾的教义，不是两个中有一个是对的，而是把二者之间的真理都共享了。既然公认的教育只是把真理的一部分体现出来了，那么就需要其他意见来对其遗憾进行补足。在感官不能接触到的题目上，正确的通常是流行的意见，但也几乎不是，或者从来都不是所有的真理。它们只是真理的一部分，有时占了很大的比重，有时只占很小的比重，但总是被夸大或扭曲，在其他一些理应相伴相束缚的真理那里，还被剥离开。另外，异端的意见往往是某些被打压或不受到重视的真理，忽然不再被束缚，要么尝试着调和通行意见中所含的真理，要么把它当作敌方，自诩为所有真理。到现在为止，出现频率最高的事情是后一种，因为片面性在人类心灵方面始终是规律，而多面性则不在此列。所以，哪怕意见在不停运转，落下去的也往往是真理的这一部分，而分开的是另一部分。甚至在前行的过程中，那原本是累积性的，大部分也只是由一个不全面的真理，把另一个不全面的真理取代，而进步的地方则主要在于，相比它所替代的东西，新的真理片断的需求性更高，更迎合时代的需求而已，既然哪怕站在正确基础上的占据优势的意见也都具有这样的不全面性，不管其真理当中混杂的错误有多少，我们都应该对凡是通行意见中所省略掉的，而本身却多少把部分真理体现出来的所有意见加以珍惜。所有可以理智判断人类事务的人会因为胁迫性要求我们关注真理（要不然我们就会忽视），也将我们可以看到的某些真理忽视了，进而觉得非常生气。他一定会这样想，因为流行的意见是不全面的，就更加要对非流行的真理方面也有其不全面性的提倡者表示欢迎。因为这样往往是生气十足的，最能要求人们关注那些片面提倡者所声称的完整而又其实是片段的智慧。

举例来说，在十八世纪，当所有有学养的人以及他们后面的追随者都对所谓文明狂热不已，都对近代科学、文学、哲学的各项奇迹赞美不已时，当他们既对现代人和古人之间不同的程度估计过高时，相信这所有不同都对他们自己有利时，请看卢梭的一些看上去不太正确，其实有可能是正确的议论是如何在一大堆结构紧凑的片面性意见中爆发的，使得它原来的部位发生了变化，导致新的分子介入之后再次排列出更好的形式，起到了非常大的作用，带给人们强烈的震动。那些流行的意见和卢梭的意见相比，并不是前者更远离真理，其实刚好相反，它们和真理的距离更近，所含有的正面真理更多，而且错误更少。可是在卢梭的教义中，却有着非常多的、在流行意见中找不到的真理，它们和洪流裹挟在一起，等到退潮时才被人发现，比如说生活简朴的价值更高，比如说虚伪社会的罗网和伪善所产生的后果是非常严重的，这些观念都是在卢梭之后才深植于人们的内心，它们还会随时发挥作用，尽管如今你随时都要大力提倡，而且还要用事实来证明，因为在这个题目上，语言的力气几乎已经用光了。

再看政治方面，这几乎已经成了一个老得不能再老的话题：一个党要求平稳有序地运行下去，另一个党要求变化，要求革新，在政治生活中二者都是不可缺少的、保持健康状态的因素，直到这一党或那一党的理解力更强，知道并擅长分辨适合保存的是哪些东西，适合剔除的是哪些东西，而发展成为一个既稳定运行又持续进步的政党。这两种思想方式都把对方的短处为自己所用，也在极大程度上，在对方的反对声中有效地保持自己的理性和健康。双方在很多方面都有对自己有利的意见，在现实生活中所有其他问题上都有不同于对方的观点，像民主政体和贵族政体、财产和平等、合作和竞争、奢靡和简朴、社会性和个人性、自由和纪律等这些问题。除非所有这些意见在发表时都享有同等的自由，而且在主张和辩护时都要花费同样的精力，那么双方都无法很好地施展自己，在平衡之后就一定有一个升一个降。就现实生活中的一些重要问题而言，从很大程度上来说，真理都是和谐和组合对立物的问题，而人们却几乎没有宽大的心胸可以接近真理，所以就只能通过交战双方的暴力行为实现。在上面所说的任何一个重大问题上，如果两种意见上有一个比较占优势，那么在特殊时间和地点，不占优势的那一个就应该被包容，得到鼓励。因为那个意见在当时是被忽略的利益的代表，是人类福祉覆盖不到的一面的代表。我知道，在以上那些题目的大部分时候，在我国并不会包容不同的观点，我之所以要把它们列举出来，就是想用更多的例子来说明这个事实是多么普遍，即，在人类已有的智力状态下，真理的各个方面要想有公平竞争的机会，就必须通过意见矛盾才能实现。假如发现在某些问题上，有些人是特立独行的，哪怕它是正确的，那些少数持有不同意见的人也总是有东西为自己辩护，而他们如果保持沉默，那么受到损失的就会是真理。

有人提出反对意见，“可是有些公认的原则，尤其是和最高和最重要问题相关的公认原则，的确不仅仅是真理。比如基督教的道德就是道德问题上的所有真理。可是，假如有人告诉他一种不同于它的道德，他就会被错误包围”。原本这是现实方面非常关键的一宗事情，最适合对普遍性进行考验。可是，我们最好先确定一下所谓基督教道德的概念，然后再来判断基督教道德是什么或者不是什么。假如它指的是“新约”的道德，我就表示疑惑了，从这本书中得出这种结论的人是如何想象出这本书是声称它为或者原本是想让它变成道德方面的一套完善的教义的。《福音书》中就时常把之前的道德征引过来，而自己的训条是不能超出某些特定事项的，而修订其道德，或者变成最广泛的道德，而且用最广泛的，往往难以通过字面的意思来对其加以解释的词句表达出来，说它拥有立法的准确性，还不如说它具有生动的感染性。要从这里把一套道德教义提出来，就必须从“旧约”那里采撷，而这也相当于说还必须借助一个精心设计的，在许多方面却还比较粗鲁，而且起初的设计对象是野蛮人的道德体系。圣保罗是公开对这种犹太教式的解释其主的教义，并用来对其结构进行填充表示反对的人，而在很大程度上，他劝告基督徒的话是为了适应那种道德的调整体系，甚至到了公开和奴隶制唱反调的地步。如今所说的基督教的道德——实事求是地说应该是神学的道德——并不是出自基督或者基督使徒，而是来自更久远的时期，来自头五个世纪的天主教会。虽然近代人和新教徒在采纳时是有所选择的，可以变更的很少，永远不要对他们抱有期待。可事实上，他们基本上对取消中世纪中所增加的东西表示满足，而每一教派又加了不少符合自己个性和倾向的东西进去。假如有人否认这样一种道德及其早期的宣教者对人类也是非常有好处的，那我应该排在最后一位。但是我可以非常肯定地说，在很多关键点上，它的确有所欠缺，是不全面的，幸好有一些它所反对的观念和情绪也曾经对欧洲人的生活和品质的形成做出了贡献，人类事务才没有发展得比现在更糟。反激运动的所有性质在基督教道德（暂且用这个名字）上都可以找到，它基本上是在反抗异教精神，说它是主动的，还不如说是被强迫的；说它追求崇高，还不如说它想赦免自己的罪过；

说它殚精竭虑，还不如说它努力避恶。总的来说，在它的训条里面（有人就说得很好）“你应该”的字样被“你不该”的字样不合适地掩盖了。具体来说，它对纵欲极为害怕，所以就极力推崇禁欲主义，到了后来，它慢慢发展为一种律法主义。它把天堂的希望和地狱的威胁糅合在一起，以此对道德生活发挥作用。在这里，它被古代圣贤抛得远远的，从其含义上来说，它让人类道德有了一种自私的本性，原因是，它区分开了每个人的责任感和同胞们的利害，除非考虑到自身利害关系，否则不对它们进行考量。从本质上来说，它又是一种不得不服从的教义，它不断劝诫人们，要屈从于所有树立起来的权威，当然不是说一定要主动服从宗教所禁的乱命，可是不允许我们反抗我们承受的任何冤屈，就更别提反叛了。说到对国家尽义务问题，在道德方面，假如当最好的异教国族已经大幅度提升了这一义务，使其比例不太协调，以至于对个人的正当自由造成侵害时，义务这一重大问题在纯粹基督教伦理中却根本没有被注意到和得到认可。我们曾经看到过这样一句格言："统治者将某个职位委派给某人时，如果在其领土范围之内，还有人比他更能胜任这一职位，那就相当于上帝对国家犯了罪"——这句话却不是来自"新约"，而是"古兰经"。假如说在近代道德中，还稍微承认了一点公众的义务这个概念，那也是从希腊和罗马而来，而不是从基督教而来。一样的道理，甚至在个人生活道德方面，假如还有什么大度、个人尊严，甚至荣誉感等品质存在，那也是出自我们教育中纯人事的部分，而不是从其宗教的那部分。那些品质是不可能出自一个声称只把服从当作唯一价值的伦理标准的。

和所有人一样，我并不是想强制地把上面那些缺点说出来，在所有预料的情况中，这是基督教伦理自然有的。我也不想强制地说，不允许调和一个完善的道德教义所必须具备的很多东西和基督教伦理没有包含的东西。我更不想用这些意思对基督本人的教义和训条加以嘲讽。我相信，只要是基督教所说的话，都是可以找到证据的；我相信，基督所说的话和一种完备的道德所需要的东西都是可以调和的；我相信，只要是伦理中最好的东西，都可以列到基督的话语里面，不会多么严重地侵犯其词句，就像只要试图从那里推导出什么现实的行为的体系的人们，从来没有怎么侵犯过它一样。可是，与之相对应的是，我也相信基督本人的教义和训条，只把真理的一部分包括进去了，而且也只想这样做，还有许多组成最高道德的基本因素则在另一些东西中存在，从来没有在基督教创始人有记载的讲话中出现过，后来教会就完全抛弃了以那些讲话为基础创建的伦理体系。既然情况是这样，那么我觉得，如果非要从基督教教义中找出一套完整的规则来指导我们，而在教义作者那里，这种规则却是想让其加以核准执行，而只有一部分可以作为我们的规则，那真是大错特错了。这个偏狭的学说正在演变成一个非常严重的灾难，对道德训练和道德教导的价值产生很大的影响，多少有头脑的人，如今所奋力追求的正是这种价值。我担心的是像人们这样试图在单纯宗教模型上对人的心灵和情感进行打造，而将那些一直以来和基督教伦理共存，并弥补它的不足之处的世俗标准放到一边，对它的一些精神全盘接收，又注入一些自己的精神，将会出现这样的结果，甚至于如今已经出现，一种卑微却又奴性十足的品性，擅长于在他所规定的“最高意志”前屈服，却不能上升到或和“最高善”的概念相融合的高度。我相信一定有另外一种不是源自基督教的伦理，和基督教伦理是相辅相成的，这样才能让人类道德的中兴出现；我相信基督教体系也不能和这样一条规律并行。也就是说，在人类心灵还有待完善的情况下，意见的矛盾对于真理的利益来说是必不可少的。当然，在没有将基督教所不涵盖的真理去除时，并不一定要把它所包含的真理剔除，如果这样的偏见或忽略发生了，那就一定是一种灾难。可是这并不是我们希望它不出现，它就不会出现的，我们应该将它视为一种难以预估的好处而付出的代价。部分真理将其他真理排斥开，冒称为全部真理，这是一定要反抗的，可是如果这反击的动力又让抗议者有失偏颇，那么这个片面性和那个平面性都是值得叹息的，但一定要包容。假如基督教要教导非教徒公平地对待基督教，他们自己就要非常公正地对待不信教这件事。只要是了解文字记载的人都知道，很大一部分最高尚最宝贵的道德教训，不仅出自对基督教信条完全不了解的人，而且也出自对它比较了解，可是却将它排除在外的人，假如我们对这个事实视而不见，这无益于真理。

我也不想强制性地说，只要毫无顾忌地将发表意见的自由派上用场，就可以阻止宗教上或哲学上宗派主义的灾难。气量小的人只要认真对待一个真理，一定会竭力主张它，一而再、再而三地教导，甚至采用多种办法落实到行动中，似乎世界上只此真理别无其他，或者不管怎样也没有一条真理可以对那第一条真理起到制约或限定作用。我承认，所有意见会朝宗派性发展的趋势并不会因为讨论的展开而得到救赎，反而会因此上升，越变越严重，因为那个理应被看到可是却被人们忽视的真理会因其是由反对者说出来的，而遭到更加强烈的抵制。可是要清楚的一点是，这种意见矛盾所带来的好处原本不应该在情绪偏激的偏党者身上发生，而是应该在更冷静、更超脱的局外人身上发生。部分真理之间的激烈矛盾不是最可怕的灾难，半部真理的平静熄灭才是。这就是说，只要人们不得不兼听双方，情况就还有救。而人们一旦只对一方予以关注，错误就会发展成偏见，真理本身因为被放大成错误，也就不能再发挥其作用。我们知道，像这种被强制地加在判断上的能力，介于一个问题的两方面，当只有一方辩护士发言时，还可以做出明智的判断。在人类精神属性中，这实在是太少见了。既然是这样，那么和真理相关时，除非其每个比例的方方面面，除非把所有部分真理的每个观点都体现出来了，不但把自己的辩护人找到，还可以得到有力的辩护——只有这样，真理才有机会脱颖而出。

说到这儿，我们已经意识到人类精神福祉是多么需要意见自由和发表自由了（人类所有其他福祉是以精神福祉为倚仗的），上面提到了四点依据，现在我再简要地复述一下这四点。

首先，据我们了解，假如有什么意见必须保持沉默，那个意见很可能是正确的。如果对这一点表示否认，就相当于对我们自己的不可能错误性进行了假设。

其次，哪怕必须保持沉默的观点是错的，它也可能，而且一般情况下都是，有部分真理包括在内，而且，任何题目上的一般意见，也就是占据优势的意见也几乎不会，或者从来不是全部真理。既然是这样，要想对所遣真理进行弥补，就只有借助敌对意见的矛盾了。

再次，哪怕公认的意见不单单是真理，而且是全部真理，假如不允许它受到而且的确受到强烈的纷争，那么接受它的人基本上坚持这个观点都会像持有一个偏见一样，极少领会到它的理性。

最后，教义的意义自身也有可能会失去或削弱其对品性行为的重大作用，由于教条已经成为一种宣传的形式，是无益于致善的，它会对人们寻求依据产生阻碍，而且还不允许任何真实的、由衷的信仰衍生于理性或亲身经历。

在将意见自由这个题目抛到一边以前，我们还要关注一下这样的说法：所有意见都应该有发表的自由，可是前提条件是要节制方式，不能超出公平探讨的界限。在说到如何界定所想象的界限时，也许可以说的话不少。假如说测验之法是看有没有侵犯到意见遭到抨击的人，那么，从经验中我们会知道，只要攻击有一定的力度，而且非常悦耳时，就算侵犯了，即，只要在这题目上，反对者的感情非常激烈，让对方退无可退、无法作答，那么，在对方眼里，他就是一个肆无忌惮的反对者。尽管从实践的角度来看，这一点非常重要，可是在一种更加根本的反对意见面前，它就根本不值一提了。提出一个意见（哪怕这个意见是真实的）的方式是讨人厌的，这是毫无疑问的，也必然会招致严厉的指责。可是这一类还不是主要遭到侵犯的一类，而在那种只有凭借偶然自欺才能让论断变得妥当的一些错误做法。其中最严重的一些是：似是而非地进行论证、抵制事实或论据、举出错误的案情因素，或者陈述错误的反对意见。虽然这样，做出这所有事情的人，甚至最大限度，依然来自一些在很多方面都不被认为，而且也不应该被认为是无能的人，他们在饱满的自信中接连不断地做出这些，所以我们几乎不能用合适的依据秉承良心对这种错误的表述进行鉴定，结果为可在道德上加以指责的事，而法律就更不能擅自对这种论战上的错误行为进行干预了。再看一般所谓无节制的探讨的意思，所指的对象是侮辱、嘲讽、人身攻击以及这一类的事。在这一点上，我们可以说，假如在对这些武器加以指责时，建议双方都停止使用它们，那给予更多的同情就无可厚非了。可是人们却是在对待占优势的意见时，才对其使用加以限制，而使用它们去对待不占优势的意见时，则不仅普通的拒绝都看不到，就连使用者都会得到所谓真诚的热情和正义的愤怒等一类的赞誉。可是在使用这些武器的过程中不管出现了什么灾难，用它们来对待没有防备的一方总是最大的灾难。不管从这种主张意见的方式中可以找到什么有失偏颇的便宜，公认意见这一方几乎总是享有便宜的。在这类侵犯中，诋毁拥有不同意见的人为坏的和不道德的人是论战者所能闯下的最坏的一种祸。在这种诋毁面前，持有不普遍意见的人是特别容易遭到攻击的人，因为他们通常人数不多，又不得势，而且只有他们自己才关心受到公平的对待。可是，假如有人要用这件武器去对一个占据优势的意见进行攻击，那事情的性质就是不可取的：一是，他无法在保证自身安全的情况下来使用它；二是，哪怕他可以，这样做也只会折损自己的论据。通常情况下，假如想听一下背离公认意见的意见，必须使用经过研究的温和的语言，必须非常小心不要冒犯不必要的人——如果不小心冒犯了，就很可能会失去领地，而占据优势的意见如果使用的辱骂失去了分寸，那就真的可以把人们不敢说出来的相反的意见唬住了，不敢让持相反意见的人去听。如此一来，为了真理和正义的利益，相比限制使用其他武器，限制使用谩骂性的语言其实要重要得多。而如果说限制还必须加以区分的话，那么，作为一个例子来说，相比挫折对于宗教的冒犯性的攻击，更需要的是挫折对于不信教的冒犯性的攻击。可是不管要对哪一方进行限制，法律和权威总是一体的，这是显而易见的。在所有审判案件中，则应该视具体情况来做决断。总的来说，只要一个人在其声辩方式中有失偏颇，或者在情绪上表现激烈，都要受到谴责，而不论他以辩论的哪一方面自居，这点对于任何人来说都是适用的，可是从其在问题上选定的方面来说，哪怕是和我们自己的方面截然相反的方向，来将那些败德推断出来都是不可取的，而另一方面，对于任何一个人来说，只要他镇定地看，也可以坦诚地说出他的反对者以及他们持有什么意见，既不对损害他们的信誉的东西进行夸大，也不把可以给他们提供辩护，或者可以为他们提供辩护的东西隐藏起来，那就值得尊敬，而不论他持什么样的观点。公众所探讨的真正的道德就是这个，如果说还时常有人冒犯它的话，那么我将非常高兴地想到，在很大程度上，它已经引起了很多争辩家的注意，而且还有更多的人在为之努力。

第三章

论个性为人类福祉的因素之一

人类在形成意见的过程中，应该是不受任何约束的，而且在发表意见时也应该是坦诚的，前面那一章节我们已经叙述过为什么要这样做的原因所在。如果这个自由得不到承认，或者如果所有人都愿意禁令而予以提倡，那么在人的智性方面，进而在人的德行方面所产生的后果将是非常严重的，在前面章节中我们已经叙述过这一点。那么，接下来，我们要对以上那些理由有没有要求人们应该由着自己的心意去行动进行考察，也就是说，在生活中践行其意见，只要由他们自己来承担风险和危难，那么人们就不应该对他们进行阻碍，不管这个阻碍是来自物质还是道德。当然这句话中的“但书”部分是不可或缺的，没有人非说行动也要自由，就像意见一样。反之，哪怕是意见，当发表意见的情况会努力煽动某种祸害时，它的特权也会消失，比如说有个意见说穷人之所以会挨饿，就是因为粮商，或者说私有财产是一种掠夺，假如他们只是通过报纸广为宣传，那是无可厚非的。可是如果他们的宣传对象是一大群在粮商门前聚集的、情绪激烈的群众，宣传方式是口头的或者标语的，那就可以合理地加以处罚。不管什么样的行为，假如不能用正当理由加以解释而对他人造成危害，都可以通过人们不谅的情操，或者必要时还可以通过人们的努力干预来加以控制，在一些更重要的事情上，尤其需要如此。个人的自由必须受到约束，不能妨碍他人。可是如果它在涉及和他人有关的事情上没有对他人造成妨碍，而仅仅只是在和自己有关的事情上按照自己的心意来行动，那么，只要给意见应该拥有的自由提出充分的理由，也一样可以对他们应该得到允许在付出代价的情况下让其意见落实到行动中不受阻给出充分的理由。在前面章节中所说的一些原则，比如说，人类也是有可能犯错的；人类的真理基本上都不是完全的真理；意见的一致，除非是对立诸意见经过最彻底的较量的结果，是不合适的，而意见的差异，在人类还无法像今天这样对真理的所有方面加以了解之前，也不一定就是坏事，反倒是好事——所有这些原则对于人们行动的方式都是适用的，并不比可以适用于人们的意见逊色。既然说当人类还需完善不同意见的存在是大有裨益的，在生活方面也可以这样说，生活应该存在各种试验；只要没有妨碍到他人，各种性格都可以自由发展；通过实践应该可以证明不同生活方式的价值所在，只要有人觉得可以试一下。总的来说，如果一件事情和他人没有重要的关联，个性维护自己的权力就是合适的。如果一个地方的行为准则是他人的传统或习俗，而不是自己的性格，那么人类幸福的主要因素之一在那里就是不存在的，而对于个人进步和社会进步来说，这个不存在的因素也是一个非常关键的因素。

在提倡这条原则时一定会遇到的最大阻碍，在于人们往往不关心这个目的本身，而不在于人们要运用什么样的方式去实现一个既定的目标。如果大家都觉得福祉的一个首要因素是个性的自由发展；如果大家都觉得这个因素和所谓的文明、教化、教育、文化等所有东西都不止是并列的，而且对于那些东西来说，它是一个必不可少的前提，那么自由就不可能被低估，而要对个人自由与社会控制之间的界限进行调整也就不会困难重重。可是，一个严重的威胁是，一般的想法几乎看不到个人自动性这个东西所拥有的内在价值，不会因为其本身加以关注。大部分人既然对人类已有的那些办法（它们之所以做成现在这样正是归功于大部分人）表示满足，便不能对那些办法为什么对每个人来说还可以更好加以体会，更甚的是，大部分道德改革家和社会改革家都觉得他们的理想中并不包括自动性这一部分，反倒在妒忌的眼光下被视为一种棘手的或者一种具有反叛性的阻碍物，阻碍他们自己全盘接受他们所认为的对人类最好的办法。甚至对于像威廉·冯·洪堡①（Wilhelm Von Humboldt）这样一位伟大的学者兼政治家作为一篇论文主题来说的一个教义，它的意义也只有极少数来自德国的人可以体会到——其大概的意思是说："人的宗旨，或者说由永恒不变的理性诏论所指示而不是由稀里糊涂的欲望所揭示的宗旨，是为了让其各种能力都发展至最好，而形成一个完善的整体。"所以，"所有人都应该继续努力、全力以赴，尤其是想要对他

① 柏林洪堡大学的创始者，也是著名的教育改革者、语言学者及外交官。

人产生影响所应永恒追求的目标，是能力和发展的个性”，而这便需要有“自由和境地的多样化”这两种东西，这两种东西只要结合起来就会产生“个人的活力和复杂的差异”，而这些东西又相互组合在一起形成“首创性”。

虽然对于威廉·冯·洪堡所说的那种教义，人们极少听说，而且还会惊讶于个性的价值有那么高，可是我们不得不想到的一点是，这一问题还只是在程度上存在差异。没有人会认为人们行为中的美德只是互相照搬的。没有人会提倡，人们在其生活方式中和其行为只和自身相关的行为中，不应该有自己的主张，或者保留自己的任何一点个性。此外，如果非要说人成为人以后，在做事时应该像在出生以前世界中一样，对什么都是一副茫然无知的模样，直到现在应该还没有经验表明某种生活方式要比他种更好，那就太可笑了。人在年轻时所受过的教育和训练，任何人都无法否认，他应该知道人类经验所取得的结果，而且还要从中受益。可是我们要清楚的是，人有权利，也是有条件的，当他具备一定的能力时，要将他自己的方法派上用场，并对经验加以解释。他本人应该找出有记载的经验中对他本人适合的部分。从某种程度上来说，他人的传统和习俗在说明他人的经验时，只是说明他们从其经验中得到过什么，而得到的东西是推导出来的，所以他就有遵从的义务。可是问题是：首先，他们的经验可能不够宽泛，或者可能他们解释的是错的。其次，也许他们解释对了经验，可是他们的个性也许和习俗不符。再次，哪怕习俗没问题，也对他们合适，可是假如他们之所以遵从习俗，只是因为它是习俗，那么，他们并不会从中得到什么教育意义，他作为人类的专有天赋的任何属性也不会因此有所进步。人类的官能像觉知力、判断力、辨别感、智力活动，甚至道德取舍等被派上用场，只有在选择的过程中才得以实现，而但凡遵照习俗办事的人所做出的选择则是多种多样的，所以他就不可能得到实习，不管是在分辨，还是在对最好的东西提出要求时。和肌肉的能力一样，智力的能力和道德的能力要想得到发展，也必须在被使用后。而一个人如果做某件事的初衷是因为他人也做了，那就如同他人相信了某个东西，他也选择相信一样，他便不会运用他的官能。所以，假如对于本人自己的理性来说，把一个意见的依据当作结论还不太充分，而他却采纳了那个意见，这不仅不会让他的理性得到增强，反而会让他的理性被削弱，一样的道理，假如演变出某种行为的东西和本人情感、个性并不吻合（在无关喜好或他人的权利时），只会让他的情感和个性变得迟缓，而不会让它们更富有生机和活力。

如果一个人的生活的选择权掌握在世界或者他自己所属的那部分世界手里，那么他所需要的就只有像人猿一样的模仿能力。可是如果这个选择掌握在他自己手里，他就得将所有能力派上用场了。

他必须先用观察力加以了解，然后用推论力和判断力去做出推断，之后将活动力派上用场，把做决定要用的各项材料搜集起来，之后将思辨力派上用场，做出最后的决定，而在决定做出来以后，还要将毅力和自制力派上用场，让自己的决定可以坚持下去。那些属性对于他来说是必不可少的，在其行为过程中，是以自己的判断和情感为依据，来决定增大的部分，并与之相呼应的。也许那些东西一点也没有，他也会走上正途，不会走上邪路。可是作为一个人类，他有什么样的相对价值呢？人们做了什么并不是最重要的，而什么样的人做了这件事才是最重要的。毫无疑问，人本身是在人的工作中，在人类合理地使用生命以让其向更完美的方向发展的工作中最重要的一点。我们不妨设想一下，假如存在一批像人一样的自动机械，盖好了房子，种出了谷物，打了仗，审判了案件，甚至建了教堂，还念过了祈祷文。假如这种情况真的出现了，假如我们要把一些人——虽然他们现在在比较文明的那部分世界中居住，而且只是自然界和将要出现的饿殍的标本——用这样的机器人取代，那还有一项损失是非常重大的。人性不是一架机器，不能用一个模子制造出来，又驾驭着它去完美地完成提前给它设定好的工作。它倒宁愿像一棵树，方方面面都需要生长，按照那让它变得有活力的内在驱动力的方向生长。

可能大家会对这一点表示认可，人是可以运用理解力的。要清醒地遵照习俗，或者偶尔进行理智的辩驳，不管怎样都要好过一味地顺从。总的来说，我们的理解力应该属于我们自己，对于这一点，人们是认同一部分的。可是如果说我们的欲望和冲动也属于我们自己，如果说属于我们自己的任何有力的冲动都不是什么圈套，人们认同的程度就下降了不少。可是对一个完善的人类来说，欲望和冲动也是组成部分，和信赖、约束的地位相同。所谓强烈的冲动只在于它没有被制衡时才具有危险性，即，只有当一组目的和意见成为一股力量，而另一些本应与之并驾齐驱的东西还处于衰弱状态时。

人们是因为良心太弱了，所以才做出丑恶的行为，而不是因为他们有着太强的欲望。而且强烈的欲望和良心弱之间也不存在天然的关联。天然的关联不会这样表现出来，说某个人和另一个人相比欲望更强，情感也更加丰富，意思只是说他拥有的人性原料较多，所以就可能种下更多的恶果，可是也有能力播种更多善良。所谓强烈的冲动只是精力的别称而已。精力当然会导致不好的一面，可是和一个没有精神、没有感觉的人相比，一个精力十足的人可以做出的好事自然要多得多。自然，情感最丰富的人也必定可以培养出有最强烈的、教养好的人。一种强度的感受力会让个人生活变得有力，也会衍生出最炽烈的嗜爱美德和最严肃的自我约束。只有培育这些东西，社会才算尽责了，而且还将其利益保住了，而不是因为对制作英雄的过程一无所知，就干脆放弃制作英雄的材料了。一个人的欲望和冲动属于他本身——这些表现出了他自己的本性在教养的作用下得到改观的情况——就被叫作拥有一个个性。一个人的欲望和冲动不属于他自己，那他就没有个性可言，就像一架蒸汽机一样，是没有个性的。假如一个人的冲动不仅属于他自己，而且还是强烈的，与此同时，还受到一个强烈的意志的管束，那么他的个性就是精力十足的。但凡觉得不应该激励欲望和冲动的个性的人，一定觉得强有力的人性对于社会来说是不需要的，一定觉得如果社会中存在不少个性十足的人并不一定是好事，一定觉得精力方面的一般高度水平也是不合适的。

在之前的某种社会状态下，欲望和冲动等力量也许真的将当时社会所持有的训练和掌控它们的力量远远甩在后面了。曾经有一个时期，有比较多的自动性和个人性的成分，社会的原则和它展开了艰苦卓绝的斗争。当时的困难是驱使一些健壮的人在一些要他们掌控冲动的规则面前屈从。为了把这个困难克服掉，法律和纪律（像教皇们和皇帝们之间的争斗）就将一种凌驾于个人整体上的权力确定下来，要求对他的所有生面活加以控制，以便对他的性格加以控制——在当时的社会，那性格还从来没有任何其他方式对其加以约束。可是到了如今，社会已经把个性完全打败了，现在对人性造成威胁的不是个人失去了太多的冲动和择取，而是失去的太少。过去，个人能力强或者有地位的人，其冲动的情绪已经习惯于处在反叛的状态，所以需要加强约束，以免其锋芒伤到人们。可是从那以后，事情就发生了很大的变化。在我们的时代里，不管是处在社会高级层面还是处在社会低级层面，每个人的生活状态似乎都受到有敌意的目光的监视，不管这件事和他人是否有关，还是只和自己有关，一个人或者一个家庭之间也从来不扪心自问一下：我择取什么？什么和我的性格、气质是相符的？或者，我身上最好的和最崇高的东西要如何才能公平地施展出来，让它繁荣茂盛？他们问自己的是：什么和我的地位是相符的？和我经济情况一样、地位一样的人一般都在干什么？或者（还要更恶劣），地位和情况都比我优秀的人们往往在做什么？我的意思是，在对比符合习俗和自己意见这两种事情上，他们选取前者而舍弃了后者。他们是这样做的：他们心中就只有和习俗相符的事情，并没有其他的想法。这样说来，是心灵自身被枷锁禁锢住了。甚至在娱乐这样的事情上，首先涌入他们脑海的也是和众人相符，他们愿意待在人群中，他们的选择权也只局限于一般常做的事情。和犯罪一样，他们还要竭力避免趣味上和行为上的独特性。如此下去，因为他们不允许遵照其本性，最后就没有本性了，他们的人类性能就这样凋敝了：他们已没有能力再拥有冲动和快乐，每个人与生俱来的观点和情感也没有了。这样的人性，究竟可不可取呢？

这点在加尔文主义①的理论上是可取的。照那个学说来

① 约翰·加尔文是德国著名宗教改革家、神学家，他的主张被称为加尔文主义。

看，自我意志是人的一个大罪过，“服从”二字涵盖了人类可以做到的所有善行，你别无选择，只能这样做。“所有不是义务的就是罪恶”，因为人性本恶，因此所有人要想赎罪，就必须消除本性。秉持这种人生观的人觉得，把人类任何官能、能力和感受力等摧毁都称不上罪恶，人原本是不需要任何能力的，除开屈从于上帝意志的能力。人使用官能只有一个目的，那就是对那个假想意志进行更好地实践，假如还有其他目的，那还不如把官能舍弃了。加尔文主义的理论就是这样。有很多对加尔文主义并不推崇的人也提倡这个理论，可是采取的形式要温和得多，所谓温和的地方，在于更少禁欲性地对所得出结论的上帝的意志进行说明，声称上帝的意志也要让人类对他们的一些意向表示满足，当然不是遵循他们自己的意愿行事，而是要严格服从，即，要严格在权威给他们指明的道路上走。既然这是事情的必要条件，那么对于所有人来说都是一样的。

基于这种狡猾的形式，对于这种偏狭的人生论以及它所鼓励的那类捏瘦和抽紧了的人类个性，一种强烈的趋势在现阶段尤为明显。毫无疑问，很多人都一脸坦诚地觉得，遭到如此打压的人类变成这样原来是造物者的想法，就像有很多人觉得，相比树木本真的样子，被修剪过后的形状要好看多了。可是，如果有任何一部分宗教深信人源于善的存在，那么，符合这个信条的想法就应该深信不疑，这个存在把所有官能都赐给人类，是为了培养它们，扩展它们，而不是尽数除掉它们，还要深信的一点是，对于他所创造的人类一步步靠近在他们身上表现出来的理想信念，这个存在是愉悦的，对于他们的领悟能力、行动能力，甚至于享受能力的持续上升都是愉悦的。还有一类和加尔文主义的有关人类优异性的想法不一样，觉得人类得到这样的秉性并不是为了被拒绝，而是有其他目的。“异教的自我主张”和“基督教的自我否定”正好相同，都是人类评价它的一个因素。还有一种希腊型的自我发展的理想，柏拉图和基督教的自我管束的理想和它融合在一起，可是并没有取代它。在我看来，相比做一个阿尔西必蒂（Alcibiades），做一个约翰·诺克斯（John Knox）要好多了，而和前两者相比，做一个伯里克利①（Pericles）就更好了。当然，如果这个人真的在我们的时代里出现过的话，约翰·诺克斯也会享受到其好处。

人类要想在思考中变得尊贵，变得漂亮，不能一体化打磨自身所有个人性的东西，而要在他人权利和利益所许可的范围内，对它进行培养并发挥。因为这个工作和做这工作的人的个性有很大的关系，因此人类生活因这一过程而变得丰富多彩，人也变得生气勃勃，有更充足的养料给高端的思想和崇高的情感，每个人和本民族之间的联系更深，因为这个过程，个人也更愿意做这个民族的一员。而

① 古代著名政治家，古希腊奴隶主民主政治的杰出代表。

和每个人个性的发展相对应的是，每个人的自我价值也提升了，所以对于他人的价值也更高。就个体的存在而言，他的生命变得更加充实了，而当单位中的生命更多时，在各个单位构成的群体中，自然的生命也变得更多了。当然，为了防止人性的较强标本对他人的权利造成侵犯，还必须进行一定数量的压制，可是哪怕站在人类发展的角度来看，得失也是相抵的。因为个人不能满足于对他人形象造成损害的手段遭到阻止，他人的发展因此付出了相应的代价。而且，甚至对于他本人来讲，正是因为对他本性中自私性部分的发展进行了制约，才有可能更好地发展其社会性部分，得失也是相抵的。因为他人的原因，一个人被正义的严格规律所约束，这完全可以让他把他人的利益当作自己的情感和能力发展的目标，可是如果在对他人利益并不产生影响的事情上只因为他人的冷脸而被桎梏，就不能发展成有意义的东西，反倒会让性格中那种不会拓展自己去和约束相对抗的力量得到发展。假如人在这方面妥协了，所有本性都会变得模糊起来。允许不同的人过不同的生活，才能让每个人的本性都有机会公平发展。不管在哪个时代，只看这一项独立自由的发展程度，就可以对应地知道后人会如何关注这个时代。只要人的个性在专制制度下依然存在，即便专制制度也称不上产生了它的最坏结果，相反，只要对人的个性进行打压的都是专制，无论它的称号是什么，也不管它自诩是对上帝的意志进行践行，还是自诩对人们的命运进行践行。

我们在前面说过，个性和发展是一个意思，还说过要想培育出更好的人类，就必须对个性进行培养，在这里，我就这样来给这个论证收尾：人类事务已将人类自身带到和他们可以做到的最好的东西更靠近的程度了，这难道不是最好的或最多的事吗？在阻碍好事方面，最坏的事不就是阻碍吗？毫无疑问，这些考虑还无法给那些最需要说明的人以最强有力的说明，还需要进一步对发展了的人对还处在发展阶段的人有什么用处进行说明，这就给那些不要自由也不想享受自由的人提出要求，假如他们允许他人毫无妨碍地享受自由，在某些不被人理解的方式下，他们也可以获得回报。

首先，我想说的是，从发展了的人们那里，他们也许获得了些什么。首创性在人类事务中极有价值是会得到所有人的认可的。有些人不仅需要发现真理，要把过去的真理什么时候被淘汰了指出来，而且还要创造性做出一些新举措，做出更理智的行为和趣味与感知都更好的榜样。只有相信在所有办法和做法上，这个世界已经做到了最好，才能对这一点进行驳斥。当然，并不是每个人都可以做出这种惠益，在对比整个人类时，生活经验可以被他人接受，也许在行之有效的办法上进步一点的只有少数人。可是这些少数人就如同地上的盐，他们激活了人类的生活。我们不仅要仰仗他们来提倡新的好事物，还要仰仗他们来保持已有事物中的生命。假如不需要再做新事物，人类智慧难道就失去了存在的必要吗？一直以来墨守成规的人之所以会忘掉做它们的理由，而且做起来只是和牛很像，而和人不像，难道这不是一个原因吗？机械性的退化趋势在最好的信条和最好的做法，总是嫌过大，除非有很多人以其源源不断出现的首创性为武器，不让那些信条和做法的依据变成只是传袭的，如此消亡的东西连任何真正活的东西的哪怕最小一点震动都无法抗衡，那就不能理直气壮地说文明为什么不会重蹈拜占庭帝国的覆辙了。当然，具有天赋的人只是极少一部分，而且可能永远都是这样，可是为了他们的存在，他们生长的土壤必须存在。只有在自由的空气里，天才才能畅快地呼吸，有天才的人，拘于字意的定义，个性比任何人都要多，只有这样，当社会为了把其成员形成个性的麻烦而准备好的那些少数模子省略时，他们的适应性就比其他人都要差，而不会觉得有害怕的约束。如果他们因为害怕而勉为其难成为那些模子中的一个，任由其在压力下无法伸展所有个人部分，那么他们的天才也不会对社会起到多大的改良作用。如果他们的性格强，把身上的禁锢打破了，他们就成为社会变得平庸而失败的一个象征，社会就要严厉地指责他们是“野人”“怪物”，就像有人对尼加拉河埋怨不停，责备它和荷兰的运河不一样，不能在两岸的束缚之间安静地流淌。

我相信在理论上，没有人会对我如此强调坚持天才的重要性提出异议，也不会否认它在思想上和实践上都必须自由延伸的必要性。可是我也相信，几乎没有人去关心它的实际情况。人们想，假如天才可以让人作出一首动人的诗或创作出一幅精彩的画，那当然很好。可是但凡说到它的真义，说到思想上和行动上的首创性，每个人的心理活动基本上都是这样的：我们离了它，也可以做得非常好，虽然没有一个人表面上对它予以贬斥。遗憾的是，这一点再自然不过了，不足为奇。没有首创性的心灵是感受不到首创性的价值的。他们看不到它的所作所为——他们怎么看得到呢？

如果它的所作所为被他们看到了，那么它也有首创性了。首创性给他们提供的第一项服务，就是打开他们的眼睛，只要做到了这件事，他们就有可能成为有首创性的人了。与此同时，人们要记住的一点是，不管什么事都是由某个人率先做的，人们还要记住一点，如今所有的美好事物都源于首创性。既然是这样，那么就请大家深信首创性还要完成这里的一些事情，大家尽量谦逊一点，真诚地告诉自己，自己对缺乏首创性的意识越薄弱，所需要的首创性就越多。

理智地说，对于实在的或设想的精神优异性，不管口头上说多么推崇甚至真的很推崇，现在在世界上普遍存在的事物的趋势是，平凡性成为人类的主导。个人在古代历史里和在中世纪，以及以慢慢削弱的速度从封建社会过渡到当前时代的漫长进程中，本身就是一个势力。假如他才高八斗或者社会地位特别高，他这个势力就更加可观。迄今为止，个人却在人群中消失了。假如在政治中还说什么世界的主导者是公众意见的话，那就是一句废话了。只有群众的势力，或者只有作为把群众倾向或群众本能表达出来的机关的政府的势力，才是一个名副其实的势力。在私人生活方面的道德关系、社会关系以及公共事务中，这一点同样具有真确性。有些人打着公众意见的旗号践行自己的意见，观众却总是变来变去：所谓的公众在美国只是所有白人；而在英国，主要是中等阶级，可是，他们却一直是一群，也就是说永远是集体的普通的人们，更让人匪夷所思的是，如今群众获取他们的意见，并不是从教会或国家的贵人那里，也不是从得到大家认可的领袖那里或者书本中。一些类似于他们自己的人替他们思考了，那些人借助报纸这个工具，凭一时的冲动，跟他们说话，或者以他们的名义说话。我并不是对这一切怨声载道，我无法确定，根据一般的规律，任何较好的事物都可以和现在这种低下的人心状态相互融合。可是那并不会对平凡性的统治成为平凡的统治形成阻碍。任何一个民主制或多数贵族制的政府，都不可能上升到平凡性之上，不管是过去还是现在都是如此，不管是在政治行动方面还是在他所引导的意见、品质以及心灵情调方面都是如此，除非由天赋较高、素养较高的一个人或少数人来指导最高统治的多数人是能被接受的（在他们最好的时候，这样的行为是很普遍的）。所有智慧事物演变成高贵事物总是可以追溯到一些个人，而且一开始一定是以某一个个人为渊源。普通人的名誉和光荣就在于他可以沿着那个发源走下去，就在于他可以从内心深处感知到那些智慧和高贵的事物，而且自愿朝它们走去。我并不是大力提倡那种英雄崇拜，对有天才的强者用强有力的力量把世界牢牢掌控在手里进行奖励，让世界一味地服从他人。他只能对道路的自由提出要求，而强制性要求他人也这样做不仅和所有他人的自由和发展相互冲突，而且也会让这个强者堕落。这样看来，如今，当一般群众的意见普遍成为或者正在成为主导势力时，平衡和矫正这种倾向的一个办法，就是要那些思想境界较高的人们，将其断然的个性最大可能地发挥出来。在这种环境下，那种杰出的个人尤其不应该被威胁而不去做，而应该受到激励勇敢采取不同于群众的行动。他们在其他的时候这样做时，不仅要不同于群众，而且要好于群众，才算有些价值。在如今这个时代里，只要是不完全相同的一个例子，不服从于习俗，就算是做贡献了。正是因为意见的残暴让怪癖性遭到指责，因此，为了打破这种残暴，人们选择怪癖才更合适，只要性格力量充裕，怪癖性也就非常充裕。在一个社会中，怪癖性的数量越多，这个社会中所含天赋异禀、精神力量和道德勇气的数量也就越多。这个时代之所以变得非常危险，也正是因为如今特立独行的人太少了。

在前面，我们说过，要使和习俗不合的事物的发挥余地更大，才能更方便地看到哪些事物适合变成习俗，这是至关重要的。可是之所以要鼓励行动的独立性以及鄙视习俗的行为，并不只是因为他们会提供独特的机会给那些较好的行动方式以及更加值得普通人采取的习俗，也不是说只有具有确定的精神优越性的人们才可以过自己想要的生活。我们没有理由说，所有人类都应当创建一种或少数几种模型。一个人只要有一些比较正当的常识和经验，他自己对其存在进行规划是再好不过的选择，因为这是属于他自己的方式，并不是说这个方式本身是最好的。人和羊不一样，即便是羊，也不是全都长得一样，而且分辨不出来。一个人只有根据他的尺寸量身定做或者从很多种货色中来挑选，才有可能得到一件合适的外衣或一双合适的靴子，并不是说相比给他一件合适的外衣，给他一个合适的生活要简单些，也不是说相比脚形一样，人们互相之间在物质和精神上构建的相同的东西要多一些。只要说到人们拥有多种不一样的爱好，就可以给不要试图用一个模子来范铸他们的自由提供足够的理由。而不同的人，所需要的精神发展的条件是不一样的，不同的人，在同一道德的氛围中是不能健康地生存的，这一点丝毫不逊色于不同的植物在同一物质的环境中是不能健康地生存的。可对个人培养较高本性方面起帮助作用的一些事物，放到另一个人身上则会起阻碍作用。一种生活方式会健康地刺激到这个人，可以让其最恰当地运用让其行动和享受的所有官能，而对于另一个人来说则是强加的负担，会让他的所有内心生活都被捣毁。在快乐的来源上，感受痛苦方面，以及在不同物质和道德的动作方面，会对人类起完全不一样的作用，因此人类除非也践行完全不一样的生活方式，才能既得到公平的那份愉悦，又能在精神方面、道德方面和审美方面得到发展。如此看来，单从公众情操来说，宽容只是作用于那些由其众多的追随者强制地要求他人遵从的生活爱好和生活方式是什么原因呢？当然，不管哪里都会对爱好的分歧表示完全认可（除非在某些僧院组织中），比如一个人既可以喜欢，也可以不喜欢划船、抽烟、音乐、体操、下棋、打纸牌、研究东西等，而且不会遭到什么质疑，这是因为对这些或热衷或不热衷的人太多了，以至于压垮不了。可是大众依然大肆议论那些被指控为“尽人之所不为”或是不为“尽人之所为”的男人或女人——特别是女人，就像他或她犯了极大的罪一样。一个尊号，或者品位（或者他人如何看待品位）上的某种象征，对于人们来说是必需的，这样他们才能稍微任性一点，而不会对自己的评价造成影响。我再重复一遍，只要稍微任性一点，因为不管是谁，只要那种任性的程度稍微严重一点，就会遭受更大的危险——他们有可能会被判定有精神问题而把自己的财产交付给他们的亲属。

当前公众意见的方向中存在这样一个特色，尤其适合它无法包容个性的任何特异表现。人类中的一般人不但有着普通的智力，也有着普通的意向，他们的爱好或心愿不够强烈，以至于他们并不渴求做些什么不同寻常的事，所以对于有那种爱好或心愿的人，他们也完全不能理解，还觉得那种人野性十足、毫无节制，而他们一贯看不起那些人。如今，我们只需要基于这个普通的事实，再假设插进来一个旨在对道德进行改良的强烈运动，我们所期待的必然也是这些。这样一个运动果然插入到这些日子里了，在加重行为规则性、挫折行为过渡性的道路上，明显取得了不少效果。而一种悲悯的精神也同时存在于外边，为了践行这种精神，它更青睐对我们同胞的道德和智慧加以改进。正是在这个时代的这些趋势的作用下，公众比以往都更加倾向于指定行为的普遍规律，并试图让所有人都和得到认可的标准相适应。而这个标准，不管是直接显示出来的，还是委婉地暗示出来的，都不特别渴求任何事物。其性格的理想是没有任何明显的性格，用约束的办法，把人性中所有独特的部分掐掉，就如同中国妇女缠足一样，让轮廓分明的人都变成平庸之辈。

理想排除了一半可取的事物，如今的奖励标准又只是更不合时宜地模仿另一半。这个嘉奖标准，不仅强有力理性指导下的博大精力没有，良心意志控制之下的有力情感也没有了，取而代之的是微弱的情感和经历。当然，这表面上看来合乎规律，而没有任何意志的或理性的力量得以存在。精力旺盛的人物不管再宏大的规模都已经变成因袭性的了。在如今这个国度里，精力几乎没有什么前途可言，除了生意以外。我们还可以说，在那个上面花费精力还是很乐观的，这样使用之余还可以有一点精力剩下来，用于某种平常爱好的事情上，可能这是一个有价值的，甚至是慈悲性的爱好，可是却总只是一件事，而且通常还是一件不会有什么大成果的事。英国的集体汇集了所有伟大，但从个人的角度来说这是微乎其微的，看起来我们只是靠我们可以联合在一起的习惯，才成就了什么伟大的事情，而我们的道德的和宗教的慈善家们，则是完全满足于这种情况的。可是要清楚的一点是，并不是这一流的人们让英国成为过去的英国的，现如今还需要另一流的人来阻止英国的衰败。

不管在哪里，习俗的专制都会长久地阻碍人类前进，因为它和那种企图想要实现某种比习俗优越的事物的趋向是处于矛盾状态的。由于情况不同，那种比习俗更优越的倾向可以叫作自由精神，也可以叫作前进精神或进步精神。进步精神和自由精神并不总是一回事，因为进步精神会试图让那些并不想要接受的人民强制地接受进步之事，而自由精神要和这种企图相对抗，会暂时和反对进步者在一定程度上联合起来。可是自由依然是进步仅有的一个既可信赖又能够持续下去的源泉，因为只要有了自由，人有多少，独立的进步中心可能就有多少。可是，不管是爱好自由还是爱好进步，前进的原则和习俗统治总是针锋相对的，最起码含有摆脱那个束缚之意。人类历史中最醒目的点正是由这两者之间的斗争构成的。严肃地说，由于习俗专制太强大了，所以世界的大部分没有历史。整个东方就是这种情况。在那里，所有事情最后都由习俗来决定，所谓公正的、正确的意思就是说和习俗相符，根据习俗，没有人会提出抗议，除非是对权力极为热衷的暴君。而现在结果就呈现在我们眼前。那些国族必定是曾经有过首创性的，他们也不是一开始就生活在一片富裕又有文化、生活艺术丰富的国土上，所有这一切都源于他们自己的创造，而在当时也成为世界上最伟大和最有实力的国族。如今他们变成什么样了呢？他们如今却成了归顺于另一些民族的人了——当前者的祖先早已造就出了宏伟的建筑时，而另一些民族的祖先还处于开荒状态，可是在那里，他们只是一定程度上接受了和自由、前进平分的统治。如此看来，在相当长的一段时间里，一族人民会前进，之后慢慢衰落，当个性不复存在的时候，它们就会衰落。而欧洲各族如果也会发生类似的变化，那形态就不会刚好和他们一样，这些国族在遭到习俗专制的威胁时，不会刚好是静止不动的。在这里，独立性依然是习俗专制所严厉禁止的东西，而习俗则不会阻止变易，只要变易是大家一起进行的。比如说，我们早已经把我们祖先的固定服装给抛弃了，每人还必须和他人身着一样的装扮，可是有时一年可以有一两次变易，由此我们就可以发现，如果出现了变易，也是为了变易本身而去变易，而不是想要变得更美或者更方便。整个世界不会同时受到同一美观或方便的观念的影响。那是因为，同一美观或方便的观念不会让整个世界同一时间受到触动，而在另一时刻同时遭到嫌弃。可是我们是可以既前进，又变易的，在机械的东西方面，我们有了不少发明创造，并把它们保存起来以等到更好的东西被发明出来取代它们。在政治、教育方面，甚至道德方面，我们都迫不及待想要进步，尽管在最后一点上我们所谓改进的观念主要是要求他人的想法和我们自己一样。前进我们是不反对的，反之，我们还奉承自己是史无前例的最先进的人民。个性是我们所强烈反对的东西，如果我们让自己泯然于众人中，我们会觉得那才是建立了不朽的功勋，可是我们忘记了一件事，最能让双方都关注的事情乃是一个人是不同于另一个人的，这样我们不仅关注到自己这一类型还有需完善的地方，又发现他人那一类型比我们优秀的地方，或者还发现把二者的优点都集合到一起，而有可能产生好过二者的事物。我们要吸取中国的教训，那个国族乃是一个才华卓越，而且在某些方面甚至也极富智慧的国族，因为他们得到幸运女神的眷顾，很早就有了一套令人称羡的习俗。从某种程度上来说，这也是一种哪怕最开明的欧洲人出于一定的限制也必须尊称为圣人或者智者的人们所做出的成绩。他们还有一点值得我们关注的是，就是有一套非常精美的工具可以最大限度地在群体心灵中种植他们的智慧，而且保证只要是最能和这个智慧相匹配的人都将得到既有荣誉又有权力的职位。毫无疑问，人类前进性的奥秘已经被做到这个进步的人民发现了，必定会让自已稳稳地站在世界运动之巅。可是相反，他们却已经静止下来。几千年以来，他们一直没有前进，而他们假如还会有所改进，那一定要依靠外国人。他们在英国慈善家们正全力以赴的那个方面，也就是让一族人民成为大家都一样、叫大家都要遵照同一格言同一规律方面，已经让英国慈善家们出乎意料了，而却呈现出了这样的结果。近代公众意见的王朝和中国那种教育制度和政治角度的确是一样的，可是后者采取的形式是有组织的，而前者采取的形式是无组织的。除非个性可以对自己进行肯定，把这个约束抛开，哪怕欧洲过去有非常珍贵的历史以及所信奉的基督教，也会逐渐成为第二个中国。

欧洲之所以一直到现在都没有走上这条道路，到底是为什么呢？欧洲的国族大家庭为什么变成了进步的一部分，而不是停滞的一部分呢？原因并不在于这些国族内的优秀美德——假如那个东西存在的话，也只是结果，而不是原因——而是他们不管是个性，还是教养都有着明显的不同。个人之间、阶级之间、国族之间，都完全不同，他们开辟出了丰富多彩的途径，每条途径都朝某种有意义的东西通去，尽管在不同途径上前行的人们不管哪个时期都曾经对立过，所有人都想强迫其他人走在自己的道路上，并认为这是最好的事，可是他们互相阻碍对方发展的努力也几乎没有获得持续性的成功，所有人都忍气吞声地接受了他人提供的便利。根据我的推导，正是因为这个多样化的途径，欧洲才取得了进步，获得了全面性的发展。可是，它也已经开始在一个大幅度减少的层面保有这项惠益了。它正前进至那种要让所有人都变得一样的中国理想的方向。在其最后一部重要著作中，托克韦尔（M. de Tocqueville）说，如今的法国人的相像程度甚至超过前一代的法国人。在我看来，同样的评论还可以在更大的程度上作用于英国人。

在前文中，在我们所引用的威廉·冯·洪堡的一段文字中，他提出自由和境地的多样化是为了让人类互相不同所必须具备的两样东西，因此也成为人类发展所必须的条件。在这个国度里，第二个条件日益减少。以不同阶级和个人为中心构建其性格的各项情况变得越来越相同。之前，在不同的世界里，可以生活着品味不同、邻居不同、行业不同的人，而如今，这些人基本上都在相同的世界里生活。对比一下，他们现在读的东西、听的东西、看的东西、所去的地方、所持有的希望和害怕、所享有的权利和自由、主张那些东西的方式都一样。虽然地位上的差别依然很大，可是和已经消失的东西相比，这根本不值一提，而这种同化还在持续进行着。时代中的所有政治变化都在推进同化的发展，因为所有这些变化都倾向于提高低的、降低高的。教育的所有延伸都在推进同化的发展，因为教育让人们受到共同的影响，所提供给人们的方式也是引导人们走向一般事实和一般情操的总汇。交通工具的进步也在推进同化的发展，因为这让身处在不同地方的人的联系更密切，又带来了一个改变地方居住的趋势。由于商业和制造业的增加，也对同化的发展起到了推动作用，因为这更加广泛地传播了舒适环境的好处，让普遍竞争惠及对野心奢望的所有目标甚至是更高的目标，所以向上爬的野心就不只属于某一个特定阶级，而属于所有阶级。在国家中，公众的意见在我国和其他自由国度里已经占据主导地位，这是推动人类普遍同化的一个最强劲的动力。当社会上各种不同的让人们故步自封，而对大众意见熟视无睹的高地一天天被夷为平地，当现实中的政治家们已经很明确地知道，公众有一个意志而连和公众意志唱反调的观念在一天天消失的时候，社会上就再也不支持不同了。即，社会上再也没有那种因为自身反对数量优势，而对和公众意见、公众趋向存在差异的意见和趋向予以保护的实质力量了。

综合这些原因，就形成了一个对抗个性的势力，这势力太大了，以至于很难看出个性如何才能将它的依据保留下来。个性要想把它的依据保留下来，所遇到的难题会越来越大，除非我们可以让公众中理智的一部分人觉得个性是有意义的，让他们意识到不同是有价值的，哪怕不是不同的更好，甚至他们觉得也许有些不同更糟糕。如果还要持续主张个性的权利的话，就必须强行同化，并对其加以完善。只有在较早阶段抵抗侵蚀，才能获得成功。要让所有人都依照我们的要求，给其喂养同样的东西来使其生长。假如要等到生活已经被磨成同一种类型之后再来抵抗的话，那么跳出那个类型的生活将会被觉得是不敬神、不道德，甚至是叛逆的、奇怪的。再过一段时间以后，当人类觉得不同很奇怪以后，就会将不同完全忽略了。

第四章

论社会驾于个人的权威的限度

如此说来，个人在对自己的主权进行统治时，又要受到什么样的约束呢？社会的权威又源于哪里呢？人类生活中应该归于个性的有多少？应该归于社会的又有多少呢？

假如它们都分别对和自己相关的方面比较关注，它们就将分别得到自己的那一部分。但凡和个人相关的那部分生活都应该归于个性，而和社会相关的那部分都应该归于社会。

尽管社会并不是以某一种契约为基础建立起来的，尽管非要把一种契约发明出来以便从中推导出社会义务，也难以实现什么好目标，可是既然每个人都受到社会的保护，对于社会所有人都应该有所回报。既然每个人都切实在社会中生活，对于其他的人，所有人都应该遵守某种规定，这是必须的。这种行为，首先是互不损害对方的利益，互不损害或者法律明文中或在默喻中应该视为权力的某些稳定的利益。其次是为了保护社会，或让其成员不受到危害，所有人都应该付出自己的那一部分代价（要基于一种公平的原则）。如果有人试图躲开这些条件或者不愿意这样做，社会有充足的理由不惜一切代价对其采用强制性手段，社会可以做的事远远不止这些。个人有些行动会对他人造成损害，或者没有充分考虑到他人的福利，可是又没有对他任何既得权利造成损害。这时，犯者受到舆论的处罚就是理所应当的，尽管还没有到法律处罚的程度。总的来说，一个人的行为的任何部分只要对他人的利益产生影响，社会就可以对它进行裁定，而现在正开始讨论一般福利是否将因为影响到它而得到增进的问题。可是，当一个人的行为并不对自己以外的任何人的利益造成影响，或者除非他们愿意，就不会对他们造成影响时（这里所说的有关的人都是成年人而且具有一般思维能力），那就不需要对这类问题有所隐瞒。在这类事情上，所有人都享有行动，并在法律上和社会上承担其后果的自由。

假如有人觉得这个教义是非常自私的说法，觉得它非要说人类彼此之间在生活中的行为是互不相关的，非要说每个人除了和自己的利益相关的事情以外，就不应该对和他人有关的善行或福祉加以干涉，那这个误解就太深了。毫无疑问，为了对他人的好处的无私效劳起推动作用，任何降减都是不需要的，大幅度上升倒是很必要。可是无私的慈善完全可以找到其他工具以让人们获利，而不必用处罚的手段，不管是从字面意思来说还是借助比喻来说。如果有人对个人道德严重低估，我绝对排在最后一位。论重要性，个人道德只是稍逊色于社会道德。教育的任务也是同等地培养二者，可是哪怕是教育，在运用时也借助辩服和劝服，以及强制等办法，而对于已经经历过教育时期的人，在教导个人道德时，只应该采取前一种方式。人类互相之间在分辨好坏时，都应该互相帮助、互相支持，以选择前者、躲开后者。此外，他们还要互相抵触，在更大程度上运用其较高官能，让其情感和志趣更加向那些聪明而不是愚笨的、升高的而不是堕落的目标和计划看齐。可是，不管是一个人还是多数人，为了他自己，都没有权利对另一个成年人说，他不能终其一生去做某件他愿意做的事。本人是最关心一个人的福祉的人，除一些私人的事情以外，任何人对于他人的福祉的关心程度，相比对他自己的关心之情，都是微乎其微的。社会只是在一定程度上关心作为个人的他（除开对于他对他人的行为以外），而且是通过委婉的方式，而本人关于自己的情感和情况，则尽管最普通的人也有各自的方法，和其他人的相比，却要强得多。

在个人只关心和自己有关的事情上，社会还要强制性要求他推翻自己的判断和目的，这种干涉的依据只能是普通的臆断，可是这种普通臆断也许是错的，而且就算是对的，也不能被对于某些个别事情的情况只是肤浅地了解的人所误用。如此看来，个性在人类事务的这一部类中有着其自身的活动场所。在人们相互对应的行为中，一定要关注一般规律，而且要严格遵守，这样人们才可以知道他们必须抱有何种期待，可是当每人只对自己的事情予以关注，他的个人主动性就有权要求自如发挥。所有要帮助他思考的，要让其意志变得更加坚强的劝说，完全可以通过他人提供给他，甚至强加给他，然而，最后的裁定者是他自己。要知道，一个人由于一意孤行而犯下的所有错误，相比被他人的胁迫而做的在他们看来有益于他的这一罪恶，后者要严重得多。

我并不是说，不管某人有什么样的品质和不足，都不会影响他人对他的观感。这是根本不可能的，也是不可取的。假如他在帮助自己好处的品质方面有很突出的地方，在这一点上他就自然会受到称赞。他就和人类本性的思想的完善更接近了。假如在那些品质方面，他有严重的不足，他人自然就会对它加以贬斥。尽管一个人会表现出一定程度的愚昧和所谓趣味的低级（尽管这个措辞很容易遭人反对），尽管这不能成为他人加害于他的理由，可是也必然会让他遭到厌弃，或在极端的事情上遭到他人的鄙视，一个有着非常强的反向品质的人，一定会这样看待他。尽管一个人没有做过什么对不起他人的事，也会让我们判定他是个呆子或者是一个二级人物，而他是不愿意被人这样判定的，所以提前跟他说，让他不要做出极易引起不良后果的事情，也就算帮助他了。如果这种有好处的效劳可以打破现在的一般观念，做得更随意一些，如果一个人可以规规矩矩地把另外一个人的缺点告诉给对方，而不会让人觉得是冒犯，那真是再好不过的一件事了。我们还有权利采取各种方法让我们对某人观感不佳的观点产生作用，不至于对他的个性造成影响，却可以把我们的个性发挥出来。比如说，我们并不是一定要和他融为一体，我们有权利选择最合适我们的群体。我们有权利，也有义务，去告诫他人也要这样做，如果我们觉得他的示范或谈话也许会严重损害和他结交的人。在一些任意的有好处的效劳方面，除开为他的改善提供帮助以外，一个拥有某些直接只和自己有关的缺点的人可以遭受他人所实施的严重处罚，可是他受到这些处罚的原因只是作为那些缺点本身的自然的，也可以说是主动的后果，而不是有人为了惩罚而故意对他进行惩罚。一个自大、粗鲁的人，不能生活在合适的生活资料下，不能对自己进行约束，以免放纵过度，以兽性的快乐为追求，而把情感上和智慧上的快乐都牺牲掉，这样只会被人看不起，只能寄希望于人们对他产生的观感不太好，而对于这一点，他是无权埋怨的，除非他具有非常优越的社会关系，可以让他们对他产生好感，进而有资格来获得他们的有益的效劳，而将他自身缺点的影响排除在外。

我们在这里产生争议的是，如果一个人只涉及自己的好处，而对与他有关的他人的利益不产生影响的这部分行为和性格上，让他人对他做出观感不太好的裁定，与那种裁定密切相关的一些不便就是他应该承受的唯一后果。至于会损害到他人的行动，所受到的对待就完全不一样了。对他人的权利造成侵犯，在自己的权利上理由不充分，而强行加诸在他人身上，从而造成损害，用不真诚的方式对待他人，不公正或不地道地仗势欺人，以至于只为了自己的利益，而不愿意给他人提供保护——所有这些都要遭到道德的谴责，在严重的事情中，道德也会对其加以处罚和报复。不光这些行动，包括指引这些行动的性情，都是不道德的，也应遭到人们的指责或厌弃。性情的残暴——在所有各种情绪中，这些是最反社会性的和最让人厌弃的东西——嫉妒、虚伪和撒谎，没有正当的理由而发脾气，不称于刺激的气愤，老是强行加诸在他人身上，老是想占更多便宜（希腊人用“伤廉”称呼它），通过贬低他人来让自己的骄傲得到满足，“我”的，以及关系到“我”的东西都是最重要的，并且只从自身考虑，来对所有可疑问题进行决定的唯我主义——所有这一切都是道德上的罪恶，组成了一个差劲到让人嫌弃的道德性格。这是不同于前节所说的只和己身有关的那些不足之处的。正当地说，那些缺点不能用不道德来定义，不管程度多么严重，也不会构成毒恶。它们称得上是某种程度的愚昧或者没有个人尊严和自重的例子，可是它们遭到道德谴责时，只在于个人必须为他人自爱而将自爱丢到一边，所以没有履行对他人的义务时。所谓对己的义务，是指对社会没有责任，除非情况让它同时也成为要尽义务给他人。假如这个名词除了自慎以外还有其他的意义，那就是指自重或者自我发展，没有人有义务告诉这些同胞，因为它们都不是出于人类的好处而必须由本人负责并对他们交代的事情。

因为在自慎或个人尊严上存在不足，一个人当然在他人的观感方面受损和因为侵犯了他人的权利而理应遭到指责，在区分二者时，并不只是从名义上进行。他究竟是在我们觉得我们有权力对他进行控制的事情上引起我们的不快，还是在我们明知我们没有权力对他进行控制的事情上引起我们不快，不管是在我们的情感上，还是在我们对他的态度上，差别都是非常大的。假如他引起了我们的不快，我们可以厌恶他，离得远远的，就像他远离一个他所厌弃的东西一样，可是我们却不会因此觉得我们有义务要搞砸他的生活。我们会考虑到，他已经遭受到，或者马上要遭受到的所有处罚，假如他因为处置不当而让他的生活遭到了破坏，我们不会落井下石，我们不想再对他进行处罚，反而会告诉他如何规避或者弥补他的行为给他带来的灾难，来尽力让他的处罚减轻一点。在我们面前，他也许会得到我们的同情，可能会被我们厌弃，可是不会惹我们生气。在我们眼里，他不会是我们的敌人，我想我们完全有理由由他去，算是对他做的最坏的事情了，如果我们不想把利害关系告诉他的话。假如他不管是群体还是单独都和保护其同胞所需的规律相违背，那就不能相提并论了。这时，他就要承受他的行动所带来的严重后果，而作为保护所有成员的社会，就必须报复他，就必须本着惩罚的目的而让他痛苦不堪，还必须施以严厉的处罚。总的来说，在这一事情中，我们法庭不但有责任对他进行审判，而且还在某种形态下对我们的判决书加以执行，而在其他的事情中，我们则没有责任去处罚他，除非在我们实施我们和他共有的规定自己事务的自由时偶尔遇到的一些折磨他的事情。

很多人都会否认这里所说的一个人生活中只和自己相关的部分以及和他人相关的部分之间的不同。他们会发出这样的疑问：对于其他成员来说，社会中一个成员的行为

（不管是哪一部分）怎么可能和他毫无关系呢？所有人都生活在集体中，如果一个人做了什么对自己有害的事，其产生的后果就必定会殃及其身边的亲人，连亲人以外的人也会受到牵连。假如他把他的财产毁了，就会伤害到直接或间接受它资助的人，而且往往也会在一定程度上让群体的总资源减少。假如他让自己的肉体或精神的官能受伤了，不仅会祸害所有依靠他获得某一部分快乐的人，还会让自己不再有资格给同胞服一般应服的劳役，也许还会给他们的善心蒙上一层阴影，假如这种行为发生的频率很高，就会最大限度地让捐善的总量下降。最后一点，人们还会说，哪怕一个人的邪恶或愚昧没有直接给他人造成伤害，他的标杆作用同样有害。假如我们考虑到那些会直接受到他不良影响的人们，也应该强制地要求他不要放纵自己。

人们还会说，哪怕错误行为的后果只殃及恶毒的或者没有思想的个人，社会也不应该任由那种明显没有资格指导自己的人胡作非为。假如大家认可应该提供不符合他们自身的保护给儿童和未成年人，那么，社会也有责任保护那些尽管已经成年了，却无法管束好自己的人们。假如说赌博、酗酒、随地便溺、无所事事以及不讲卫生等等，和法律所取消的行动中的大部分一样对幸福有害，而且会对进步起到严重的阻碍作用，那么，在符合实际又符合社会便利的条件下，法律为什么不试着取消它们呢？法律难免会有一些不足之处，为了对它进行弥补，舆论最起码应当组织一支强有力的警察队伍，来抵制那些恶行，并严格地处罚那些有恶行的人们。可以说，这里根本不存在什么约束个性或者对生活中新的和首创性的尝试造成损害的问题。这里下禁令的只是早已被试验过而受到裁定的一些事情，只是经验告诉我们是不会有益或适合任何人的个性的一些事情。必须经过一定时间的积累，具有相当的经验以后，才可以认为已经树立起了一种道德上的或智力上的真理，而人们要求的只是让后代不要走先人曾经走过的弯路。

一个人所做的祸害到自己的事情，通过其身边的人们的交感作用或利害关系，会对他们产生重大的影响，也会对社会产生影响，这点我表示完全认可。当一个人因为这种行为而站在了他对一个或多数他人的清晰而指定的义务的反面时，这事情就属于只和自己相关的那一类事情以外，而应该受到道德的审判。举个例子，假如一个人因为过于放纵而没办法偿还债务，或者已背负一个家庭的道德责任而没办法尽赡养义务和教育义务，当然，他受到指责是理所应当的，即便让他接受处罚也是合理的。之所以对他进行指责或处罚，是因为他没有履行对家庭或债主的义务，而不是因为他过于放纵自己的欲望。如果因为移作一项最谨慎的投资，一笔本应划归他们的款项变得没有了着落，从道德上来说，同样要遭受指责。乔治·巴恩韦尔为了帮夫人获取财富，而致叔叔于死地，可是如果他做这件事是为了生意，他也一样会被处以绞刑。再看，一个人通常会因为沉溺于不好的习惯而让全家都烦恼不堪，因为其薄情寡义当然要受到指责，可是哪怕他是在培养某些原本并不恶毒的习惯，他也一样会遭到指责，如果和他生活在一起的人或者因为个人关系而把他安于享受视为痛苦的话。假如一般人既没有受到某些必要的义务的胁迫，在自己择取方面又没有合理的理由，却没有考虑到他人的利益和情感，他就要受到道德的谴责，这是因为他欠缺某一方面的考虑，而不是因为所有欠考虑的因素，更不是为了某些只和自己有关，也许带来更远的结果的过错。一样的道理，假如一个人只是因为和自己有关系的行为而受伤了，以至于没办法对公众尽其应该尽的某种确定的义务，那么，他就犯了一个社会性的罪行。如果一个人只是喝醉了酒，是不应该受到处罚的，可是如果这个人是士兵或者警察，而且在执行公务的过程中喝醉了酒，那么就应该受到处罚。总的来说，只要事情确定损害了或者确定损害了个人或公众时，它就不属于自由的范畴了，而应该归属于道德或法律的范畴。

可是，假如一个人的行为既符合对于公众的任何特定义务，也没有明显损害自己以外的任何人，那么这种行为衍生出来的对社会的损害也属于偶然之举或者可以说是推定的属性，那么，考虑到人类自由的更大利益，社会是可以承受这一点点麻烦的。如果说成年人因为对自己管束不当而理应接受处罚，我更愿说这是因为他自己的原因，而不想说这是为了找理由阻止他对自己的能力进行损毁，而无法有益于社会——社会并没有谎称自己有权诛求这种好处。可是这样对这一点进行论证我是不认可的，似乎说社会要想把他们提升到正当行为的一般标准，就只有通过等待更弱成员做出荒谬的事以后再用法律或道德来处罚他这一种办法。在人们存在的所有早期中，社会是完全有权力掌控他们的：人们可以通过一整段的儿童时期和未成年时期来不断尝试，看他们在生活中有没有能力做出正当的行为。对于将来的一代来说，现在的一代不仅主持训练，也主导所有环境。当然，下一代的人们不可能因为这一代而变得足够聪明、足够优秀，因为善良和智慧原本就缺乏，而在个别的事情上，最好的努力也不一定就是最成功的努力。可是作为一个整体来说，它终究可以让方兴的一代变得和它自己一样好，而且还要稍微胜过自己一点。假如社会竟然让大量的成员一直长不大，没办法接受出于长远的规划而做的合理考虑的作用，那么社会本身就对这种结果难辞其咎。武装社会的不仅有教育力量，还有公认意见的优势权威，这种权威一直在对没有资格做出自己的决断的人们起支配作用。社会还拥有一种助力，就是人们打着鄙弃的旗号可以让所识者接受一种自然处罚，让社会不需要再妄称还需要在只和自己有关的事情上有权力发号施令并强制地要求人们服从，站在正义和政策的所有原则的角度来说，在那种事情上做决定的应该是承受其后果的个人自己。要对行为产生影响而想借助更坏的办法，这是将较好的办法也弄得没有信用和效力的办法了。假如在被强制地要求要小心或者要有所控制的人们中的性格中含有任何一点独立精神和气势恢宏的材料，他们就一定不会和这个压力唱反调。这样的人是不可能觉得他人有权控制他个人的事情的，像他们有权阻止他在他们个人的事情让他们遭受损害一样，而且这样的人还会想当然地觉得这代表着精神和勇气，有意在这种篡得的权威面前驰骋，炫耀性地做出违背它的事情。查尔斯二世（Charless Ⅱ）时代继清教徒之后，在道德方面不包容的痴狂所引发的那种粗鲁的风气就是这样。说到需要给社会提供保护，以不让邪恶或自纵的人给他人做出不好的示范，当然，这个不好的示范是一定会带来不好的作用的，尤其是做了对不起人的事而本人却没有遭受处罚这个坏示范更甚。可是我们现在所说的却是一种没有侵犯他人却假设对自已有极大危害的行为，于是我就无法看到对这种事深信不疑的人如何能够产生除了从整体来说，这件事是弊小于利的榜样以外的其他想法，因为这事假如把错误的行为显现出来了，也必定会把只要公正地批评那行为就可以假设在所有或大部分事情上一定和它相伴的毁坏性的后果显现出来。

在对公众干预单纯私人行为进行反对的所有论据中，还有一点最有力，那就是，假如公众真的去干预了，大部分情况下所做的干预也是错的，干预的地方不对。尽管在社会道德的问题上，在对他人的义务问题上，公众的意见也就是欺压的多数意见往往会出错，可能对的可能性更高，因为他们只判断这类问题和自己的利害关系，只对某种行为假如任由其实施将会对自己产生什么样的影响加以判断。可是在只和个人本身相关的行为的问题上，如果视一个同样多数的意见为法律，让少数人必须服从，对错的概率大概是一半，因为在这类事情中，所谓公众的意见顶多只是某些人在和他人相关的好坏上的观点，甚至通常还不是这个，而只是公众以事不关己的态度忽视他们所谴责的对象的喜悦或便利，而只是对他们自己的喜好加以考虑而已。对于他们不喜欢的行为，很多人都觉得伤害到了自己，嫉恨它好像对于他们的情感来说就是在施暴。我们时常看到，当一个痴迷于宗教的人被谴责鄙视他人的宗教情感时，他总是反驳道，正是他人对其可恨的崇拜或信条一味坚持，才对他的宗教情感予以鄙视。一个人坚持己见的情感，另一个人因为他对那个意见一味坚持而觉得被冒犯的情感，这二者是截然不同的，就像小偷想把一个钱袋偷走，而失主想让那个钱袋保持原样一样，这两种欲望是截然不同的。一个人的爱好就如同他的意见或钱袋，都是和个人特别有关系的事情。任何人都会轻而易举地想象在所有没有定夺的事情上，一个完美的公众对个人的自由和选择一概无视，只是要求他们不要采取那些早就遭到普遍经验禁止的行为方式。可是，公众在其检查任务上划清这样的界限的行为，你在哪里看到过呢？公众又在什么时候开始对所谓普遍经验关心了呢？其实公众在对私人行为进行干预时几乎不会想到其他的，而只是想不管什么做法或想法，只要和它自己不同，那就多么罪恶，而经过简单的修饰以后，九成的道德家和思辨作家又将这个判断标准视为宗教和哲学的诏论告诉给人类。他们说，因为它们是正确无误的，所以事物是正确无误的，因为在我们的印象中，它们就是这样的。他们还说，要在我们体内找一套行为法则出来，以此对我们自己和所有人加以约束。如此一来，公众又有什么办法呢？只有运用这些教导，将个人的善恶之感作为一种义务让整个世界都不得不接受，假如这两者之间是统一的话。

这里所说的灾祸并不只在理论中存在，我可以在这里专门举一些例子，以说明道德法则的性质是如何被这个时代以及这个国度的公众极其不合适地加诸在它自己所选择的东西上面的。我并不是在撰写一篇和当前道德情感的错乱有关的论文，而在探讨这样极其重要的题目时，很明显是不能采取插句表明的形式和例证的办法的。可是为了将我所提出的原则的确拥有极其郑重的现实的重要性表现出来，而我并不是对想象中的灾祸进行防御，还是需要举些例子的。更多的事例告诉我们，扩展所谓道德警察的界限一定会侵害到最不容辩驳的个人的正当自由，这是整个人类存在性最为广泛的自然倾向之一。

举一个离我们很近的例子：在西班牙，多数人会觉得不遵照天主教的仪式来对那至高存在进行崇拜就是大大的不敬，就会觉得是对他的极大冒犯，而且在那里，其他的合法的公开崇拜是根本找不到的。在整个南欧洲，人们会觉得一个迈入结婚礼堂的教士不仅是对宗教的亵渎，而且是不成体统、粗鲁不堪、遭人厌弃的。对于这些真诚的情感，以及运用这些情感来和非天主教唱反调的尝试，新教徒们的想法又是什么样的呢？假如说在和他人利害没有关系的事情上，说人类可以对彼此的自由加以干涉，那么把这类事情排除而不会自我冲突要以什么原则为依据呢？谁又还能因为人们要将他们觉得在上帝和人眼里是对名誉进行损害的事情去对他们加以指责呢？在不允许什么被认为私人不道德的事方面，因为某些人觉得是邪恶的而加以打击的事情是最严重的。除非我们愿意将迫害者的逻辑派上用场，说我们可以对他人加以迫害是因为我们不能让他们迫害我们，是因为他们错，我们就一定要非常谨慎，不要对一条被我们采用时就会被认为是非常不公平而引起众怒的原则加以承认。

对于前面所列举的例子，还有人蛮不讲理地予以反驳，说那些都不太可能在我们这里发生。在我国，舆论应该还不会将肉食的戒律实施，不会因为人们按照信条形成意见而有所崇拜，以及干预结婚这件事。可是下面还有一个对自由加以干涉的例子，非常清楚地说明我们还处在危险期。

不管在哪个地方，比如在新英格兰以及在共和时代的大不列颠，只要清教徒的势力足够强大，他们都曾经想要——而且取得的成绩也不小——把所有公众的以及差不多所有私人的娱乐都取消，尤其是音乐、跳舞、公共游戏，或者其他打发时间的聚会以及演剧。就是在我国，如今也存在很多规模不小的团体，根据他们的道德观念和宗教观念，这些娱乐项目都是不正当的。中等阶级就是主要拥有这种情操的一个团体，而在王国当前的社会情况和政治情况下，占据主导地位的势力正是他们，因此终有一天，他们是有可能在议会中占据主导地位的。现在想象一下，群体中的其他部分是绝对不可能让唾手可得的娱乐又被一批加料的加尔文主义者和监理会教徒的宗教情操和道德情操所限的。他们会非常果断地叫这批敬神近乎冒昧的社会成员认真想想他们自己的事情。当人们遇到任何政府或公众妄称不允许人们享受在它看来不正确的快乐，都会将这句话说出来。

可是假如对它所据以任意践踏的原则加以认可，那反对它在国内大部分人或者其他占据主导地位的情绪中受到影响就没有理由可言了。而如果竟然有一天，像新英格兰早期定居者所持有的一种宗教信仰可以像所谓走下坡路的宗教通常做的那样，将它失去的领地都收复回来，那么，一个像他们所认为的基督教国家的观念，我们就只有接受了。

再想象一桩事情，可能和刚刚所说的那件事相比，它更有可能是真实的。近代世界中有一种比较强烈的趋势——偏向于社会的民主组织清晰地存在，不管民众的政治制度是否存在。有人非常肯定地说，社会和政府二者都最为民主的国度——美国，是最完备地实现了这个趋势的国家，大部分人看到有人过着奢侈的生活，就会有一种厌弃的情绪，这种情绪和一条有效的和费用开支有关的法律在发挥作用时非常像，合众国很多地方收入颇丰的人竟想象不出来一个人要如何才能把这笔收入花掉，而不会遭到公众的非议。毫无疑问，尽管将这类说法当作事实说出来有很多夸大其词的地方，可是站在这种民主情绪并和判定公众有权对个人用钱方式加以否定的立场来看，他们所表述出来的事实明显已不止存在于想象中，或者有可能出现，而是真正会出现。我们还可以更深入地设想一下，假如社会主义者的意见已经得到了大肆地传播，大部分人就会觉得拥有丰厚财产或者不是劳动所得这件事是非常不光彩的。从原则上来说，在技工阶级中，和这些意见一样的意见占据了极大的市场，而且已经深刻地影响了那些主要对那个阶级唯命是从的人们也就是本阶级的成员们。众所周知，在工业颇多部门的操作中占很大比例的坏工人都一致声称，坏工人所得到的工资应该和好工人一样，技巧更高或者更勤劳的人所挣的工资不论怎样都不能高于那些既没有技巧也不勤劳的人，不管是采取计件制，还是其他的办法。他们还将一种道德的警察力量，有时也将一种物质的警察力量派上用场，给有技巧的工人和雇用他们的雇主设置障碍，让他们不能因为提供的服务更有价值而得到更大的回报。假如对于私事，公众应该有什么管辖权的话，那我就无法发现这些人的不对之处在哪里，而某一个人的特有公众要将一般公众在一般人身上行使的同一权威应用到他的个人行为上时，我也无法看出它有什么应该遭到责备的理由。

再接着说，我们不需要对那些假设中的事情进行深入地讨论，我们还可以看看，哪怕在现在，也确实存在着一些严重侵犯私人生活自由的事例，还有一些更重大的侵犯也正发出快要得逞的笑容，还有一些意见已经被提出来，不但提倡公众要成为无限权利的掌握者，以将法律派上用场，来给所有它觉得不对的事情下禁令，而且为了不漏掉一件它觉得错误的事情，也要对它所认为冤枉的事情下禁令。

打着防止纵饮烈酒的旗号，法律已经禁止一个英属殖民地的人民和几乎半个合众国的人民使用任何经过发酵的饮料，除非是医疗所需；不允许发售酒类，其实就像他们所想象的那样，不允许使用酒类。尽管因为这个法律在实施起来困难重重，已经让某些实施过的省份必须重予废止，其中还包括以这个法律命名的那个省份。可是依然有人尽力提倡，而且还得到了不少自称为慈善家者的极力推动，要在我国实行一个同样的法律。基于这个目标而形成的协会，或像它自称的“联盟”，已经因为把一份往来信件公之于众而得到了一些名声——这信件是联盟书记和那少得可怜的提倡政治家的意见理应以原则为依据的英国公众人物之一的通讯。斯坦利勋爵（Lord Stanley）成为这次通讯的一分子，也许会让那些深知像他这样在某些公开场合所表现出来的一些品质竟然会在政治生活中主要人物身上出现是多么少见的人们对他的希望更高。联盟的机关声称“对于任何可遭到歪曲来给痴迷和残害分辨的原则是可悲的表示完全认可”，于是就指出协会的原则和那种原则之间相差十万八千里。他说，“在我看来，只要是和思想、意见、良心相关的问题，都不属于立法范围，只要隶属于社会行动、社会习惯、社会关系这些只应听国家的话而不能听个人的话的选择权的问题，则属于立法范围”。不同于二者的第三类，也就是并不是社会的而是个人的行动和习惯在这里却没有被提及，尽管饮用发酵饮料的行动正好属于这一类。出售发酵饮料是贸易，而贸易则属于一种社会行为。可是这里并不是对侵犯了出售者的自由进行控诉，而是对侵犯了购买者和消费者的自由进行控诉，因为国家有意让他没有渠道买酒正是不允许他饮酒。可是这位书记先生说，“但凡有人通过社会行动的方式，对我这个公民的社会权利造成了侵犯，那么我就要求有权通过立法手段来对他加以限制”。现在来看所谓“社会权利”又是如何定义的。“如果我的社会权利遭到了什么事的侵犯，那么出售烈性饮料就是这种事，这是毋庸置疑的。这事让我首当其冲的安全权利遭到了侵犯，因为它时常会将社会紊乱制造出来，并起到推动作用，这事对我的平等权利进行了侵犯，因为它的利润源于制造贫穷，而我却要通过纳税来资助这种贫穷。这事还对我的道德和智力自由发展的权利造成了侵犯，因为我的道路周围因它充满了危险，因为它让社会力量遭到了削弱，让社会道德遭到了破坏，而我有权向它要求互助和沟通的正是这社会”。请看这样的“社会权利”理论——以前在语言文字上面，类似于它的理论还表达得比较模糊呢——其内容就是告诉人们：每个个人都具有非常完全的社会权利，要求除自己以外的每个人不管在哪方面都要和他的行为一致，只要出现细微的不同，出现极小的差错，不管是谁，都算对我的社会权利造成了侵犯，我就有权要求立法机关把这种不平之苦解除掉。相比任何一个干涉自由的个别行动，这样一条奇怪的原则的危险性要高得多：每一个对自由进行破坏的行为都被它解释为合理的，有权利要求任何一点自由都遭到了它的否认，可能只有一种情况例外，那就是暗持意见永远不公开的自由，因为只要是我觉得有害的意见被其他人说出来，就对联盟所赋予我的一切“社会权利”造成了侵犯。这个教义相当于认定所有人类互相之间都有“一种彼此关心，对于他人来说，每个人都是提要求的人，每个人都要从自己的标准出发，去对他人道德上的、智力上的，甚至躯体上的完善加以规定”。

历行安息日制度的立法是非法干涉个人合法自由的另一个重要的例子，这种干涉已经不止是恐吓，而是实行已久，而且还取得了丰硕的成果。毋庸置疑，在每个星期中拿一天出来不理会日常业务，只要生活急务允许，确实是一种非常有好处的习俗，尽管除犹太人以外还没有人将之作为一种宗教义务而对任何人加以约束。而且，因为要想让这个习俗得到遵守，就必须在工业阶级间获得广泛认可，因此在有些人一工作就会强迫他人也必须工作的情况下，为了确保他人也遵守这个习俗，法律就规定较大的工业活动到了某一天停工一天，这也是被允许的，也是没错的。

可是这个理由的依据是他人直接关心每人是否遵守这一习俗，因此如果在个人可以自愿使用其休假时间的自由职业上加以使用就会显得不太合理。而用法律来对娱乐进行限制，就更说不通了。没错，某些人一天的消遣和另一些人一天的工作是一样的，可是，大部分人的快乐——暂且不说这是极有意义的休息——让少数人付出劳动也是值得的，只要这职业选择是自由的，而且放弃也是自由的。工人们会想，如果大家星期日都不休息，那么就相当于要连干七天，而所得的工资却只有六天的，这是没错的。可是既然已经停止了很多服役，那些为了他人消遣而必须付出劳动的少数人就应该根据比例增加收入，而且他们也没有责任一定要做那些工作，如果他们甘愿休假而不想获得补贴的话。假如还要找更多的弥补措施，也可以通过习俗来做出规定，那些工作性质特殊的人每周可以另外休息一天。如此看来，要给在星期日限制娱乐加以辩护，只能说那娱乐在宗教上是错误的这一项依据，而无论如何抗争这样一个立法动机都不过分。这真是所谓“关心上帝倒成为伤害上帝了”。要报复我们人类并没有伤害而假设冒犯了全能上帝的事情，是社会或其任何职员所接受的一个使命，还需要更多材料证明这一点。一直以来，所有宗教迫害的基础就是认定所有人都有义务让他人也信仰宗教，只要对它加以认可，宗教迫害是正当的就有了充分的理由。现在有人反复强调星期日火车旅行应停止，有人对星期日开放博物馆表示坚决地反对，还有与之类似的很多事，尽管其中所蕴含的情感比不上旧时迫害者的残忍，可是所表现出来的心理状态却是差不多的。这就是因为它没有得到迫害者的宗教的认可，所以决不允许他人做得到他们的宗教许可的事。这也是深信上帝不但对信仰有误的人的行为表示厌恶，而且觉得我们必须加以阻止才能免于罪戾。

除了以上所列举的一些鄙视人类自由的事例，我还想把一种干脆迫害的言论加上去，当我国报刊杂志一旦察觉要去关注摩门教[①]主义（Mormonism）的可关注的现象时，就会出现这种言论。这个事实既让人大感意外，也有很大的教益，有一种显而易见的新启示和以它为基础建立的一个宗教，完全是骗人的，甚至包括创始人在内，都没有什么杰出的品质可以作为支撑，而到了如今这个报纸、铁路和电报的时代里，竟然得到了数以万计的人的信服，而且成为一个会社的根基，关于这方面，可以说的太多了。我们这里值得注意的是，和其他的和更好的宗教一样，这个宗教也有其殉教者，因为教义的原因，它的先知兼创始人竟死于暴民之手，它的其他很多追随者也同样遭到虐待而失去性命，他们被集体赶出祖国。而如今，即便他们已经

① 广义上指在宗教信仰、意识形态和文化上相近的几个后期圣徒运动宗派。

被赶至荒漠地带，国内依然有很多人公开声称应该（只是不方便）派遣一支远征军去对付他们，采用武力的方式让他们的意见和他人统一。摩门教主义为什么会让宗教宽容的通常约束被打破，而爆发出强烈的反感，主要原因是在条款中，它对一夫多妻制表示了认同。尽管回教徒、印度人以及中国人都允许存在这个婚姻制度，可是一直以来，使用英国语言和自诩为基督教徒的人们都非常痛恨这一点。我对摩门教的这个制度有着最深的不谅的情节，除了上述原因，还因为自由原则是不认同这一点的，它直接破坏了自由原则，因为它只是加固了群体中一半人身上的枷锁，而让另一半人从他们对于那一半人的相互义务中得到了自由。可是我们依然要牢记，这种关系和任何其他形式的婚姻制度下的关系并没有什么不同，可能是被它所累的女人自己的事，而且不管这事看上去多奇怪，在世人的普通观念和习俗中，它都可以得到解释，那就是说，既然世人教导女人结婚这件事是非常必要的，那对于很多女人甘愿为众妻之一，也比不得为妻要好得多也就很好解释了。当然，我们不能要求其他国家也对这种结合表示认可，或者在摩门教的意见方面，让部分居民不必遵守本国的法律的义务。可是，当这些提议者在他人的仇视情绪面前已经大大让步了可以对他们提出的合理要求，当他们已经离开了不能容许他们的教义存在的国土，而定居在了一个个遥远的地方，我就真的看不出来，人们除了以暴虐原则为依据，还能以什么原则为依据，去阻止他们在自己喜欢的法律下生活，只要他们既不对其他国族进行侵略，又允许只要对他们不满意的人随时离开那里。最近有一位作家，而且还是一位有一定声誉的作家，提议（用他自己的话说）不用十字军而用一个“文明军”去和这个多妻制的群体对抗，把他眼里这个文明中的退步结束掉。在我看来，这也是退步，可是我无法理解的是，任何群体有权强制性让另一个群体变得文明。受到坏法律迫害的受难者只要一直忍气吞声，我就不能承认和他们一点关系都没有的人们应该加以干涉，应该只因遥远的、与之无关的人们觉得足以带来诽谤就强行要求结束所有与之直接相关的人都觉得满意的事态。如果他们愿意的话，他们可以派遣传教士去对它表示质疑，也可以采用任何公平的方式（胁迫宣教者，不允许其开口称不上是一个公平的方式）去对相同的教义在本国人民间发展提出质疑。假如世界依然被野蛮统治，文明就可以把野蛮打败，而野蛮在一定程度上被驯服以后，害怕野蛮会再次复苏，而对文明加以收服，是根本不需要的。假如一种文明可以这样在自己已经征服的敌人面前屈服，那一定是它自身堕落了，以至于所有人都没有办法或者不想自讨没趣去为它而战。如果真的如此，那么这种文明就应该越早停止前进越好。如果它持续走下去，也只是往更坏的方向发展，直到遭到精力旺盛的野蛮人的无情践踏而焕发新生（就像西方帝国那样）。

第五章

本文教义的应用

一定要先对前文所列举的各项原则加以承认，这样在对细节进行探讨时才有基础可言，之后再在政府方面和道德方面的所有不同部门加以运用，才能期待获得好处。这里就细节问题进行的评论，只是准备给以上原则作为例子，而不是要对那些细节问题本身进行追究，以得出什么结论。更确切地说，我所提供的是如何应用的标本，而不是若干应用，对于合成本文所有教义的两条格言来说，这不仅对于更清楚地搞明白它们的意义和界限有帮助，而且也可以在遇到某某事情在应用哪一条的时候难以做出决断时，给人们提供帮助，以让二者之间保持平衡。

两条格言是：一，只要个人的行动和自身以外其他人的利害没有关系，个人就不需要为社会负责。如果他人考虑到自身的利益而觉得需要时，可以劝告他、指导他，甚至离他远远的，当社会厌恶他的行为时，唯一可以采取的合法途径就是这些。二，有关有损于他人利益的行动，个人则应该负责，而且还应该承受来自社会或法律的处罚，如果社会的意见觉得为了给它自己提供保护，需要进行这种或那种处罚的话。

首先要表明的一点是，我们一定不能假设，因为有损他人的利益或者也许会对这一点造成伤害就让社会有正当理由加以干涉，因此不管在什么时候都不能把这种干涉解释成合理的。在诸多事情中，当个人对一个合法目标进行追求时，必然会让他人遭受痛苦，或者将他人有理由希望得到的好处截走。在坏的社会制度下，通常会产生这种个人之间的利益冲突，只要那制度不消失，就会一直存在，可是还有一些不管处在什么制度下都无法规避。比如说，在一个人浮于事的职业上，或者在一次大家竞试的考选中，如果有人获得了成绩；在一个共同要求的对象中，假如有人超过其他人而中选了，从他人受损中，从他人的徒劳中，他就得到了利益。可是大家都不否认，考虑到人类的广泛利益，最好还是不要阻止，任由人们以这种结果去对他们的目标进行追求。也就是说，对于那些失望的竞争者，社会并不对他们在法律方面或道德方面享有不承受这类痛苦的权利加以认可，社会也不觉得自己有干涉的职责，除非成功者使用了普遍利益所反对的方法，像欺骗、背信和强力等。

再看，贸易就是一种社会行动。谁只要向公众出售货物，谁就做了影响他人利益和社会一般的利益的事，所以从原则上来说，他的行为也就归属于社会管辖的范畴。正因为此，才有人曾经提出在所有被视为重要的事情上，政府有责任对商品价格加以限定，并对制造程序加以规定。可是如今，在长久的斗争过后，大家才意识到，让生产者和销售者都享有绝对的自由，而仅有的一个可以限制他们的条件就是购买者享有任意购买的同等自由，才是实现价廉物美的最好办法。所谓自由贸易的教义就是这个，这教义和本文所提倡的个人自由的原则都是以互不相同可是却一样坚实的依据为基础建立起来的。当然，限制贸易和限制以贸易为目的生产都是约束，而但凡是约束，就一定是罪恶，可是这项约束只会影响由社会加以约束的那部分行为，假如说有什么问题，只是因为它们并没有真的出现它们会出现的结果。既然个人自由的原则和自由贸易的教义并没有关系，那么这原则也和大部分和那个教义的限制有关的问题无关：比如要想用掺杂的办法阻止行骗的行为，就可以给公众一定的控制权，又比如，工厂中的卫生预防措施或危险工种的保护方法可以对厂主实行到什么程度起到强制性作用等问题。假如说这类问题和自由问题相关，那也只能说，当其他条件一样时，任由人们自己去总要好过控制他们。从原则上来说，考虑到那些目的而控制人们的合法性是不能遭到任何人的否认的。此外，还有一些对贸易加以干涉的问题从根本上来说就是自由问题，就像前文所说的禁酒法，以及不允许把鸦片输入中国，不允许出售毒药一样，总的来说，这一类包括旨在让人们无法得到或很难得到某一货物的干涉。可以质疑这类干涉的地方，在于它们对购买者的自由造成了侵犯，而不在于对生产者或销售者的自由造成了侵犯。

在以上所列举的几个例子中，对毒药的出售加以限制一事又引发了新问题，那就是所谓警察职能要以什么为界，即，为了对犯罪或事故加以预防，可以在多大程度上侵犯自由而不至于违法。毫无疑问，采取措施预防犯罪是政府不可推卸的职能之一，就像只有在犯罪既成以后，它才能加以侦查和处罚。可是，相比惩罚性职能，这种预防性职能被滥用的可能性更大，从而更有可能危及自由，因为人们行动的合法自由几乎都被允许表述成，而且被公平地表述成让各种各样的便利条件增加的样子。可是，假如一个公共权威甚至一个个人发现有人明显蓄谋犯罪，他们是可以加以阻止的，而不只是看着其犯罪。如果购买或使用毒药就只是为了犯谋杀罪，那么就应该禁止它的制造和销售。可是，人们之所以需要毒药，还有其他目的，而限制则不能在那方面起作用的事情不会对这方面的事情造成阻碍。再看，公共权威也有责任防止事故。不管是公务人员还是任何一个人，假如看到有人准备走上一座安全性没有保障的桥梁，而又来不及告知他，他们就可以把他抓回来，这并没有对他的自由造成侵犯。因为自由的意思是，对于一个人要做的事，他可以去做，而这个人并不想掉进河里。

但是有时，当一个祸患没有真的发生，而只是有危险时，除了他自己以外，其他人无法判断出他是不是有足够的动机去冒一次险，在这种事情中，我想人们只能警告他（除非他是一个小孩，或者是一时神志不清，或者正处在不适合将思考官能派上用场的精神亢奋或有心事的状态中），而不应该强制地不让他去冒险。如果将与之类似的考虑在像出售毒药那样的问题中加以应用，也可以让我们通过一些可能的规限方式对哪种方式有没有违背自由原则加以判断。举例来说，假如在药品上贴上说明其危险性质的字句，就可以大力采用这种预防方法而不会对自由造成侵犯，因为购买者一定想要知道他所保有的东西有毒。可是如果不分事情，而对开业医师的证件提出硬性要求，那就会让对这种药品有合法需求的人们多有破费，而且有时还买不到这种药品。据我了解，如果既能在以毒药为工具实施犯罪的道路上设置重重障碍，又不会对他人需要毒物以用作合理方面的自由造成侵犯，甚至还照顾到，只有一个办法，那就是创备“预设的证据”，就像边沁[①]（Bentham）用合适的字词所说的那样。在签署契约时，这种办法是人尽皆知的。当双方要订立契约时，法律往往会提出一个合理的要求，那就是先履行一定的手续，像当事人的签名盖章、见证人的见证，以及此类的事，以作为这一行为生效的前提。这是为了避免事后发生纠纷，万一发生了纠纷，可以找到证明契约关系成立的证据，它在法律上始终是有效的，其作用则在于阻止假契约的订立，让契约在如果被人知晓则被毁坏其性质的情况下难以确立起来。在出售可以当作犯罪工具的物品的问题上，也可以采用这种性质的预防方案。比如说，可以让卖主在出售时做好记录，把这项买卖什么

① 指杰里米·边沁，英国的功利主义哲学家、法理学家、经济学家和社会改革者。

时候发生的，买主叫什么，住在哪里，售出了多少货物，以及质量如何都记清楚，还可以让他向买主打听清楚，具体买回去是做什么用的，并记录在案。在医师处方缺乏的情况下，还可以给第三者提出要求，要其对这项购买之事的确是某某所做的进行指认，这样一来，如果事后遇到可以确定这个物品确实用于犯罪了，可以对其加以证实。对于物品购买来说，这样的规限办法并不是什么绊脚石，而对于躲避侦查，想用于不正当途径的人来说，则是极大的阻碍。

既然社会是有固定的权利的，那么就可以采用提前预防的办法来让它免于犯罪，这就明显规定了我的第一条格言的适用范围，这就是说，借助预防或处罚的办法来干涉只和个人自身有关的错误行为也是合理的。比如法律往往不能干涉过量饮酒这件事，可是如果有人曾因醉酒而对他人施暴，以致被定罪，那么这项法律便要对他加以特殊的限制，让他知道如果以后又因为醉酒被发现，将会被处罚，而且如果他再次因为喝醉而犯罪，还要加重处罚，我觉得这样做是完全合法的。一个喝醉酒就要伤害他人的人，而放纵自己喝醉，这就是对他人犯罪。再说懒惰，享受公众津贴的人以及因懒惰而犯了背弃契约的事除外。这也不属于法律处罚的范畴，而只是属于暴虐行为。可是，假如有人因为懒惰，或者其他可以规避的原因，而不能对他人履行法律义务，比如说不赡养子女，那就可以强制性要求他这样做，甚至可以采取强制劳动的办法，在没有其他办法可用的情况下，这算不上施虐。

还有很多行为只会对本人自身造成损害，所以，法律是不应该禁止的，可是如果公开做出来会对社会的良好风气造成破坏，所以又可以把它划归到侵犯他人的范畴，并加以禁止，这是合理的。所谓有伤体统的行为就被包含在这一类中。没有必要对这一点继续深挖下去。并不是说这和我们的主题并没有直接的关系，而是因为有许多本身无可指责他人也觉得无可指责的行为，也和公开性有非常紧密的联系。

还有一个问题，一定要找到和已经制定的原则统一的答案。说起来，有些个人行为没什么好指责的，但因为其带来了危害只会让本人承受，考虑到尊重自由这一层，社会就不应给予处罚。在这类事情中，他人是否也可以自由去劝导或挑拨本人做某件事情的自由呢？解决这个问题还是有点难度的，从更严格的意义上来说，一个人监督另一个人进行某项行为不能算是只和自身相关的行为。劝告他人或者诱导他人是一种社会行为，所以像一般影响他人的行为一样，可以认为属于社会管控的范畴。可是稍微再想一下，则又觉得这个想法有误，因为准确地说，这个事情虽然不属于个人自由的范畴，可是它却依然适用于个人自由的原则所依据的种种理由。如果说，一定要允许人们在只和他们自己相关的事情上，在他们自负其责的情况下，采取他们觉得最好的行为，那么也一定要允许他们有交流的自由，互相给出建议，再决定做什么事。只要是允许做的事，也一定要允许劝说去做。这个问题现在还存在着一个疑问，那就是从他的规劝中，教唆者要得到他的个人利益，只在他以此获得收入的职业，而推动社会和国家所觉得是灾难的事情。说到这里，问题又变得复杂了。就是说，这样一些阶层的人在社会上存在，他们的利益和公共安宁是相反的，生活方法所凭借的也是和公共安宁相反的活动。加以阻止，还是不阻止呢？举例来说，通奸和赌博都是必须被原谅的，是不是也应该让一个人有自由去做一个老鸨，或者开设赌场呢？处于两条原则分界线上的事情刚好就是这个事情，很难一下子就判定它应该归于两条中的哪一条。双方都有自己的理由。大度的一方说，把某种事情当作自己的职业，以赚取生活所需，这一事实本身并不能改变那桩假如不作为职业便得到许可去做的事情的性质，成为有罪的，在他们看来，要么一直允许某个行为，要么一直禁止某个行为。如果我们一直维护的原则是正确的，那么社会就没有义务去裁定所有只和个人有关的事情是错误的，原因就是它是社会。这事要被限定在劝止的范围内，而一个人既然可以劝止别人，那么别人也可以劝行。与其相反的观点则是，尽管对于这种或那种只和个人利益有关系的行为，本着打压或处罚的初衷，公众或国家没有资格用自己高高在上的地位来对它的好坏进行判定，可是对于他们眼里的坏行为到底可不可以被判定为坏的，最起码还可以争论一番，它们却完全可以假设。既然已经设置了这一点，于是他们又说，因此公众或国家假如非要尝试着将那些并不是完全没有利益的敦劝的影响排除掉，试图把那些完全不可能公平的教唆者的影响排除掉——那些教唆者在某个方面都和个人的直接利益相关，而国家相信是错误的那个方面正是这个方面，而且他们又公开表示之所以会推动那个方面，完全只考虑到自己——便不可能说做的是错的。他们一再声称，不管人们是聪明地还是愚笨地做出他们的选择，事情都要受到人们自己的敦促，尽量远离那些只为了个人不良企图的目的而引发他们的意向的人们，这确定不会带来什么不好的后果，确定不会把任何一点好处都牺牲掉。所以，他们说，尽管和非法游戏有关的成文法律是不能遭到辩护的，尽管所有人在自己家里，或是对方家里，抑或是他们自己出资成立的、只允许会员和其访客进来的任何聚会场所赌博，可是，公共的赌场还是应该遭到禁止的。他们还说，是的，这个禁令会一直处于无效状态，不管警察拥有多少暴虐的权力，在披上其他外衣以后，赌场依然可以存在。可是这到底可以强迫他们一定程度上隐秘自己的活动，使得他们的消息只能被那些专要寻找他们的人知道，更进一步说，社会也不应该把目光聚焦在它的身上。我觉得，这些论据的力量是非常强大的。可是这相当于认可了要惩罚辅助的罪犯，而让（而且一定要让）主要的罪犯潜逃出去，要用罚钱或监禁的方式来对妓院老板进行处罚，而不对嫖客进行处罚，对赌场老板进行处罚，而不对赌徒进行处罚，而这些论据能不能成为把这种道德上的反常之事解释成合理的充足理由，我还不想武断地给出答案。而要以类似的依据来对普通的买卖活动进行干涉，那就错得更离谱了。差不多每件交易的物品都可以将逾分派上用场，而售卖者正是在对这种逾分使用上可以获得金钱加以鼓励。虽然是这样，可是依然没有人把它当作依据，比如说，对禁酒法的辩护，因为虽然那类销售烈饮料的商贩的盈利途径是滥用它们的逾分，可是它们在被用到正当途径上时到底还是需要的。可是，那些商贩对推动纵饮烈酒起到积极作用，反倒是一个名副其实的灾难，国家因此有充分的理由来限制他们，并要求他们保证，可是要知道，因为那是个正当理由，这种做法才算不上侵犯合法自由。

接下来还有一个问题。在国家眼里违反当事人的最好利益的事情，在得到允许的同时，是不是依然要委婉地打击一下。还是拿酗酒这件事来说吧，国家是不是应该对此采取步骤提高喝酒的费用，或者通过对酒店数目进行限制的办法，来增加买酒的难度。和很多其他实际问题一样，这个问题也必须分开探讨。为了增加人们购买兴奋饮料的难度而征税，和完全禁止那种饮料相比只是程度上的差异，所以它要想被解释为正当的，必须以后者被解释为正当为前提。对于财力赶不上上涨的物价的人们来说，某项事物只要增加了费用，就相当于不允许人们使用了；对于那些有财力的人们来说，则相当于在处罚其拥有的特殊嗜好。根据自由原则来看，人们将自身对于国家和个人的法律义务和道德义务尽完以后，就可以自由选择快乐，如何花用进款，应该由他们自己来决定。乍一看，这些说法是对国家选择征收兴奋饮料的税的办法提出质疑。可是我们不要忘了，由于财政和征税是无法避免的，而在大部分的国家里，很多税又是间接税，所以，在某些消费品的使用上，国家就难免要处以罚款，而这也许会让某些人无法再使用。因此国家就要承担一种责任，在规定征税时要把什么货物是消费者最可以省略的货物考虑进去，当然在对那种如果使用超出非常有限的数量就会产生毒害作用的物品进行优先选择时要有非常充分的理由。如此说来，不仅允许征收兴奋饮料的税，其还要在国库收入中占据最大比例（如果国家需要这所有收入），而且还应该得到认可。

而这类货物的承销要做成一定程度上有排他性的特权的问题，其答案是不确定的，取决于其实施限制对哪类目的有利。通常情况下，只要是大众时常聚会的场所，往往都少不了警察的约束，而这类地方的需要程度就更大了，因为在这类地方更易发生一些对社会产生危害的事情。所以，可以做出这样的限定，只让一些大众都知道或者可以共同保证的受人敬仰的人们有权销售这类货物（最起码是当场消费的那一类），还可以规定一下营业起止时间，让公众监督起来比较容易。如果因为店主的放纵或无能，而多次发生对安宁造成损害的事故的情况，或者如果对店铺改头换面，使其成为违法犯罪案件的发生场所，还可以把它的营业执照吊销——这些限制办法都是合适的。而我觉得从原则上来说，任何更深入的约束都不是正当的。比如说，本着一个非常明显的目的——让人们得到啤酒和酒精的难度更大，并让这种引诱性场合减少——而对啤酒店和酒精店的数目加以限定，这相当于只因为有些人为了方便而随意使用，让大家都开始不方便。此外，这种办法只和另一种情况相适宜，就是将劳动阶级视为小孩子或野蛮人，通过约束的方式来教育他们，以让他们可以和将来给予他们的自由的特权相适应。这在任何自由的国度里都是得不到认可的对劳动阶级进行管束的原则。而且，凡是可以合理评价自由的人，没有人愿意接受这样的管束，除非竭尽所能来教育他们自由，并在管束时把他们当作自由人，最后给出确凿的证据，说明在管束他们时，只能把他们当作小孩子。只要表述一下这两种非此即彼的情况，就可以说明，如果有谁觉得我们曾经在事情上对这种自由能力进行过培养而在这里就不得不考虑进去，那就太荒谬了。在我们的国度里，正是因为很多制度都是很多冲突，因此一方面在我们的日常事务中既有不少属于专制政府或所谓世袭政府体系的东西；另一方面，当我们通过约束来进行切实有用的道德教育时，在我们制度中的一般自由又会对其运用一定数量的控制起阻碍作用。

前文已经指出，所谓在只和个人有关的事情上的个人自由，也将很多个人在只和他们相关而和他人不相关的共同事情上经彼此同意来共同规定的自由涵盖进去了。在这个问题上，只要参与者始终保持自己的意志不动摇，就没有什么困难可言，可是因为意志会变，所以哪怕在只和他们自己相关的事情上，互相间也需要签一个约定，按照一般规律来说，只要他们这样做了，就会遵守那个约定。可是，这个一般规律在每个国度的法律中有一些特殊性。不仅不会强制性要求人们去对那种违犯第三方面的权利的定约进行遵守，即便某种定约对双方都有害，这也是非常充分的理由，可以让他们把那个约定解除。比如，一个沦为奴隶或者允许他人出卖自己的肉体为奴的定约在我国和很多其他文明国度里都是没有法律效力的，法律也好，舆论也好，都不会强制性要求其实施。这样对一个人自由处置其自己一生的命运进行限定的权力是有着明显的依据的，更清楚地体现在这一极端的事例中。之前之所以考虑到他人便不得对一个人的自由行动加以干涉的理由，则是在对他的自由进行考虑。他的自愿选择正好对他所自愿选择的事物对他来说是适宜的，或者最起码来说是可以忍受的进行了证明。而大体上来说，对他的好处最有帮助的办法也是让他采取自己的方式。可是卖身为奴的行为则把他的自由抛到了一边，除这种行为以外，便将任何自由的使用权都永久放弃了。如此一来，在自己的行为中，他就将之前之所以要让他自由处置自己的目的本身破坏了。他已经是一个失去自由的人，从此以后，他便处在一种因自愿留在其中就不可能再有什么方便推导的地位。自由原则不能对一个人放弃自由的自由有所要求。一个人可以把他的自由舍弃，这不叫自由。既然在这一特殊事情中，这些理由已经表现得如此明显了，那么就可以在更加广阔的范围内加以运用。可是它们也会处处受限，因为我们总是被生活各种要求，尽管这些要求并没有让我们放弃自由，可是要同意对一些自由进行限定。所谓当事人在只和他们本身有关的事情上应该享有完全的行动自由这条原则，依然需要在和第三方无关的事情上，让受到约定约束的双方分别将那个约定解除，甚至还能说，假如这种自愿解除不存在的话，什么契约、约定可能也就根本不存在了。只有一个例外，那就是和金钱或金钱价值有关的问题，这个是不能随便退约的。在前文征引的那篇杰出论文中，威廉·冯·洪堡这样表述他的信仰：只要是和私人关系或服务有关的约定所具有的法律约束力只能局限在一定的时间内。他还说，婚姻关系是这类约定中最重要的一种。在他看来，它的特点在于假如双方感情不和，那么双方当初结合在一起的目标就不存在了，就只有解散这一条路可走。这个题目有点复杂，也比较重要，在一个插句中来探讨是不太合适的，我也只能说到这个程度。我想，假如在这一点上，威廉·冯·洪堡这篇论文的简述性并没有让他只把结论说出来就行了，那么他一定会意识到论述这个问题时，只以他所限用的那样简单的依据是不行的。不管是通过承诺还是通过其他的行为，一个人只要鼓励另一个人对他充满信任，让他持续某项行动，对他寄予期望，并在那个假定上面确立了自己的一部分生活计划，那么他就要对那个人承担很多新的道德义务，他也许可以执意把这种义务丢掉，可是却不能完全忽视。因为缔约关系的成立，给第三方造成了什么不好的结果，让第三方处于某种特殊境地中，或者甚至像在婚姻关系中让第三方存续下来，那么对于第三方的人，缔约双方都要承担一定的义务，而缔约双方原有关系是持续下去还是中断，都会大大地影响这种义务的履行。这并不是说，我也不认可那种说法，无论如何，这些义务要求缔约的一方哪怕把所有幸福都舍弃掉，也要履行契约，可是不得不承认的是，这个因素必定要考虑的一个问题之一，哪怕像威廉·冯·洪堡所说的不应该对双方法律上的解除约定的自由（我也觉得不应该带来多大的影响）产生影响，也必定会对双方道德上的那种自由产生很大的影响。一个人如果准备采取的一个步骤会对他人的利益产生很大的影响，那么在实施以前，他就有责任考虑这些情况。假如他不重视那些利益，他就应该为自己的过失而承担道德责任。我只是为了对自由的一般原则进行更好的说明，才做出如此不深刻的评议，绝不是因为在这一特殊的问题上存在什么需要。在对这个问题进行探讨时，往往总是反其道而行之，把孩子的利益当作所有，而对大人的利益并不关注。

在前面，我已经说过，因为一种得到大家认可的普遍原则的缺乏，在不应该给予自由的地方，人们通常放任了自由，而在应该给予自由的地方，人们却吝啬自由的给予。在近代欧洲的世界里，人们在一桩事情上有着最为强烈的自由意愿，我觉得这根本就没有用对地方。对于个人的事情，他应该有自主决定的自由，可是不应该打着他人的事情就是自己的事情的旗号凭着自己的意愿来给他人做决定。就国家而言，它不仅要在每人只和自己相关的事情上的个人自由给以尊重，而且也有责任关注它所允许每人在他人身上实行的权利。可是在家庭关系上，国家差不多把它的这项义务完全抛到了脑后，而从这个家庭关系问题给人类幸福带来的直接影响来说，其重要性要远远大于其他所有问题。对于妻子，丈夫几乎享有高高在上的权力，在这里就不展开说了。一则因为假如要彻底把这个罪恶清除掉，让为妻者也享有和别人相同的权利，让别人也同样受到法律保护是当前最紧要的事情。二则因为给这种不公平现象辩护的人根本不是打着自由的旗号，而是公开站在权力拥护者的立场来说的。国家在履行其义务时，会遇到在子女问题上对自由的概念的误用这个真正的阻碍。从思想上，人们几乎认定了谁的子女（而不是从譬喻的角度说来是）就属于谁，只要家长绝对控制了子女，不容外人关心的行为遭到法律的干涉，就出现极其不安的情绪，甚至胜于他们自己的行动自由遭到干涉。人们通常更珍视权力，而不是更珍视自由。就拿教育这件事来说吧。说国家应该强制性要求公民都接受一定的教育，是一条再明显不过的公理。可是所有人都害怕承认并对这一真理表示拥护。是的，所有人都承认，既然父母生了他，就应该让他接受教育，让他一生都可以更好地尽职尽责，这是他们的（或者根据现有的法律和习惯说，只是父亲的）最神圣的义务之一。可是，虽然大家都声称做父亲的一定要履行这一职责，可是只要加上“强迫”这两个字，人们就变得无法容忍了。人们不仅不要求他付出什么代价去让孩子接受教育，即便有免费受教育的机会，人们还任由他，随便他接不接受。大家都处于一个懵懂的状态，如果一个人只顾着生育孩子，却没有做好抚养和教育他的规划，那么这对于那个不幸的后代以及整个社会来说是犯了一种道德罪，大家依然不清楚，假如这项义务为人父母不履行，国家就应该采取强制性措施，让父母履行这项义务。

国家应该教些什么，应该如何教等难题，如今被人们转变成党派论战的主题，将本来应该在教育上消耗的时间全部消耗在教育的争吵上，这显然是无用的。事实上，只要对强行普遍教育的义务加以认可，就可以一并解决这些问题。政府只要下定决心要求所有儿童都接受良好的教育，至于这个教育由谁来操办，则不用管。让孩子去哪里上学，接受怎样的教育，全凭父母的心意，他们有选择的自由，国家只要负担家境比较贫穷的儿童的学费，对没有人负担的儿童代交所有费用就可以了。要知道，国家强制教育和国家亲自指导教育根本就是两回事，人们所说的对国家教育举起反抗大旗的所有理由，并不适用于前者，而只适用于后者。如果由国家负责人民的所有教育或者大部分教育，我绝对是第一个反对者。前文已经说到性格的个人性和意见以及行为方式的分歧有多么重要，所有这些都说明了教育的分歧也同等重要。如果一般的教育都交由国家来主持，这相当于用同样的一个模子把人们都打造成一个样子，而这个模子又一定是政府中得势的人——不管是君主、牧师、贵族，或者是现代的多数人民——所愿意采取的一种，于是就难免和其有效而成功的程度一起，形成对于人心，在某种程度上也是对人身的控制。这种教育由国家掌控，假如它还有必要存在，也只是作为多种竞赛性的实验之一，也只能是为了示范和鼓舞其他教育机关达到某种标准。实事求是地说，只有当整个社会状态非常落后了，以至于不能或者不想办任何合适的教育机关，只能由政府扛起这个大旗的时候，在对利害关系进行权衡之后，才可以把学校和大学交给政府来主持，就像一国之内，某种形态的、适合承担工业方面的重大工作的私人企业不存在了，政府才可以自己举办联合股份公司。可是一般情况下，假如在受到政府维护的情况下，国内有很多有资格兴办教育事业的人，只要法律规定教育是必须实行的，国家又给家境贫困的孩子付学费，以保证办学可以得到回报，那么他们也是有能力，而且自愿办出一样好的教育的。

只能用公开考试这种方式来让这项法律落到实处，规定一个年龄，让所有儿童都参加，并从很小的时候就开始，以确定他（或她）能不能阅读。假如这个孩子没有达到可以阅读的水平，除非他的父亲有充分的理由可以得到原谅，就罚他一笔合适的钱，如果有必要，还可以叫他付出劳动以抵消罚款，并由他给孩子出学费，送他到学校去。每一年应举行一次新的考试，慢慢把考试科目的范围扩大，这样其实就让所有儿童都获得了一定的知识，除了这个一定的知识以外，各种科目的自主考试也是必需的，只要足够熟练，达到一定的标准就可以获得证书。为了对国家以这些安排为工具来不正当地影响人们的观点加以防范，考试甚至更高一级的考试，只能对事实和实证科学范围以内的知识进行检测（除那部分工具性的知识像各种语言文字及其用法之类以外）。有关宗教政治或者其他有争议的课题的考试，只对事实知识进行考验，比如说某某作家、某某学派或者某某教会曾经以什么理由为依据，发表过什么观点，而不应该对观点是否正确进行检验。在这种制度下，在所有有争议的真理方面，相比现在的一代，方兴的一代的处境才不会更加艰难，和后者一样，他们依然可以接受教育，成为信奉国教或者不信奉国教的人，国家只是对他们进行教育，至于他们成为有教养的教徒或有教养的非教徒都取决于他们自己。假如他们的父母愿意的话，他们在各种其他教育的同一学校中也可以接受宗教教育。如果国家尝试着在有争议的题目上让它的公民都对偏向于某一方的结论表示认可，那就是犯罪，可是，如果要对一个人在任何设置的值得关注的题目上了解要得到结论所不可缺少的知识做出结论，并予以证明却是合理的。一个学习哲学的学生，不管他信服的是康德还是洛克（Locke），或者他一个都不信服，假如他可以通过有关康德和有关洛克的考试，那当然还是好一些。一样的道理，如果让一个无神论者接受和基督教各种证验相关的考试，只要不要求他信服它们，那也是可以的。我觉得有关较高的各部门知识的考试应当出于自愿。若这样的权力掌握在政府的手上，只要说到谁谁谁没有资格就能任某职，哪怕是不能当老师，那危险性也太大了。我和威廉·冯·洪堡的观点是一样的，我觉得只要通过应试考试的人，就应该把学位或者其他有关学问成就和职业成就的官方证书授予他。可是这类证件只能得到公众意见关注其证言，不能成为职业竞争方面的压倒性优势。

自由的概念如果没有用对地方，便会对人们最能够认定父母在道德上有责任的事情上却忽略了这种道德义务的存在造成阻碍，也会对国家在有些最能够让其承担法律义务的事情上却让其逃脱了，这个问题不单单存在于教育方面。人类生活中最有责任的行动之一就是造成一个人的存在。谁要把这个责任揽过去，谁要将福祸难料的生命郑重地给予，只有一个例外，那就是获得生命的那个人将来最起码有可能称意生存，那就是对那个人犯罪。在一个人口已经超负荷，或者已经有人口超负荷的危险的国度里，如果有数量较多的孩子出生，他们之间就会因为竞争过于激烈而使得劳动报酬下降，这就严重侵犯了所有依靠劳动报酬维持生活的人们。欧洲大陆许多国度都有这样的法律规定，只要男女双方不能很好地维系家庭生活，便不允许结合，这其实是在国家合法权利的范围之内的。不管这种法律定得是否合理（这个问题主要取决于当地的情况和情绪），都不能觉得它连累了自由而提出反对意见。这种法律制定的初衷是为了对有害行动加以禁止，国家出面加以干涉。既然这种行动对他人有害，哪怕运用法律的处罚还不太合适，也是应该受到指责的，被社会所诟病的。可是现在风靡的自由观念却是：一方面，一个人在只和自己有关的事情上被侵犯时，竟然表现得十分顺从；另一方面，当任由那人肆意地按照自己的意向去做，结果却是让后代承受一个或几个不幸的堕落的生命，影响波及很多人以及他们的行动，以各种方式生出祸事时，反倒不加以任何拘束。人类既这样畸形地尊重自由，又那样畸形地不尊重自由，我们只要对比一下这两方面，就可以想象出一个人竟然有一种对他人造成侵害的权利，却完全没有权利只求自我娱乐而不对他人造成伤害。

最后我还要说一说一大类和政府干涉的限度有关的问题，尽管这个问题和本文的主题有非常紧密的联系，可是准确地说却超出了它的范围。有一类事情之所以不允许政府干涉，其原因和自由的原则并不相关，问题不在于对个人行动造成约束，而在于给他们的行动提供了帮助，这也就是要问，政府应不应该考虑到人们的好处而帮他们做一些事，而不要将那些事全部都交给他们自己去做，不管每个人自己去做还是愿意一起去做。

和侵犯自由问题不相关，对政府干涉表示反对的也许有以下三种情况。

第一种是，假如所要办的事交给个人来办，相比由政府来办，前者要好一些。一般情况下，一项事业或者决定这项事业要如何办，由与那项事业息息相关的人来办最合适不过了。这条原理就给出了这样一个结论，立法机关或政府官吏应该打破常规，不应该对普通的工业生产进行干涉，政治经济学家已经对这个问题做过非常详细的探讨，而且和本文的原则也没有非常特殊的联系。

第二种的反对则和我们的主题比较接近，尽管一些人办一些事情可能赶不上由政府官吏来办，可是依然适合交给个人来办，因为这样可以对他们进行精神教育，让他们的主动性加强，让他们更具有判断力，还可以让他们在要应付的课题上了解更多的知识。陪审制度（在非政治性的案件上）为什么得到人们的认可？最主要的原因是提倡自由的、平民的地方自治和城市自治，提倡通过自愿，形成组织来办理工业和慈善事业，可是这却不是唯一的一个原因。这些都不是自由问题，只是在遥远的未来走势上关系到自由问题，可是它们依然是发展问题。在其他情况下，这些事情还可以被当作国民教育的一部分来加以探讨，其实，这也是说它们是在特殊训练一个公民，是在实践自由人民的政治教育，完全可以让他们脱离个人和家庭的小圈子，完全可以让他们习惯于对共同利益进行领会，对共同有关的事情加以管理，也就是完全让他们习惯于站在公的或半公的立场来行动，并以推进互相联合而不是以分开的目的来对自己的行为进行指导。如果一个自由组织没有这些习惯和力量，那就不能展开活动也不能维持下去。如果若干国度中政治自由不以地方自由为基础建立起来，通常都无法存续下去，这是一个典型的例子。完全属于地方性的事务应该交给地方管理，庞大的工业企业应该由主动出资者一起管理，之所以要推荐这两点，更深层次的理由是，在我们前面所提出的发展的个别性的优势，以及行动方式的歧异性所具有的优势。政府的工作趋向于一体化的方向，反之，个人和自愿结合组织则会进行种种试验，将试验所得出来的丰富多彩的经验分享出去。每一个实验者要允许别人实验，从另一些实验者那里获益是它的任务所在。

主张对政府干涉加以限制的第三种理由，也是最强有力的理由是，如果政府的权力没必要增加而增加了，会祸患无穷。增加政府现有职能以外的某项职能，会更加影响人们的希望和害怕心理，会让活跃且上进心强的一部分公众越来越依赖政府，或者变成越来越依附目的在于组成政府的某一党派的依存者。如果公路、铁路、银行、保险机关、庞大的合伙公司、大学以及各种公共慈善机构等都直接归政府领导，再如果市政工会和地方议事会以及现在所留给它们的所有也都直接归中央领导，又如果所有这些从事不同事业的人的工资都由政府支付，委派权也在政府手上，其生活水平的提升都要仰仗政府的给予，那么，哪怕所有出版自由和平民的立法组织都存在，也难以让这个国家或任何国度成为一个真正的自由之国。而且，这种行政机器的结构越科学、有效，更多最有资格的能手被吸引过来，越加精巧地操作这个机器，所造成的隐患就越大。近来，有人在英国倡议，在选拔政府行政职务人员时，所采用的办法都是竞试，以便让最有智力和最有教养的人士任职。关于这个建议，支持和反对的声音都很多。站在反对立场的人一直以来都没有放弃的一个论据就是，不管是在回报上还是在显赫地位上，国家的永久公仆这个职业都无法把高级人才吸引过来。在各种职业方面或者公司和其他公众团体的职务方面，那些高级人才都能找到更好的职业。我想，如果由提出这个命题的朋友将这种论据用来对他的主要责难进行回复，人们是一点都不会感到惊讶的。现在竟然由反对者说出来了，那真是让人大跌眼镜。这里所提出的作为反对那个建议的制度的说法刚好成为他的一道屏障。假如一国中所有高级人才都在政府机构中任职，那么如果哪个建议会倾向于形成这种局面，那才真的让人紧张。设想一下，如果政府掌控了所有需要组织协调或需要以广阔视野来从事的社会职业，又假如政府的职司普遍都是最能干的人，那么，除了那些单纯思考性的以外，一国中所有扩散出去的文化和经过实践检验的智慧都将集中在一个庞大的官僚机构中，而群体中的其他人一定会把众多目光都聚焦在它的身上，以获取一切：一般群众要做什么，都要求得到它的指导，有能力又有远大抱负的人们则希望它能给自己提供更好的职位。于是，大家上进的唯一的目标就是想要进入这个官僚机构，进入之后又想平步青云。基于这种政制，生活在这个机构以外的公众因为实践经验缺乏，所以没有资格来批评或者到这个官僚机构来任职，即便专制制度的偶然机遇或者平民制度的自然运用，偶尔会让一位或若干想要实行改革的统治者把大权掌握在自己手里，所实施的改革也不能违背这个官僚机构的利益。从一些有足够的机会进行观察的人的记录来看，俄罗斯帝国的可悲情况就是如此。沙皇本人也没有权力和那个官僚集团唱反调，他可以把集团中的任何一个人驱逐出去，可是他的统治却不能离开他们或者背离他们的意志。对沙皇的每项诏令，他们都有否决权，只要不付诸实践就可以了。在文明比较发达和存在更多反抗精神的国度里，一般公众既习惯于希望国家帮他们把一切都办好，或者最起码习惯于如果不问国家的意志，即便很多事是为他们自己而做的，他们也会放任不管，自然就会觉得，只要发生在他们身上的灾难，负责任者都是国家，而一旦灾难让他们无法忍受时，他们就会团结起来和政府唱反调而形成所谓的革命，于是另一个人，不管其权威来源是否合法，就一跃成为统治者，又对那个官僚机构发布命令，而所有事件又回到从前，既然那个官僚机构没有变化，也没有其他人可以取代。

而情况如果换到习惯于自己处理自己事务的人民中就完全不一样了。在法国，很多人曾经服过兵役，其中有很多人最起码是下士级的军官，所以当平民起义发生时，领导总是在这些人中出现，而且临时做出的行动计划也是有模有样的。在军事方面，法国人可以做到这样，而美国人则可以在各项事务上都做到这样。假如他们没有受到政府的管束，美国人的任何一个团体都可以马上组成政府，且有能力开展各项事务。只要是自由人民都应该这样，而只要是可以这样的人民一定是自由的。这样的人民不可能被什么人或者什么团体所奴役，只因为这样的人或团体可以抓住中央管理机构，并对其进行控制。任何官僚机构都无法强使这样的人民去做或者去忍受他们不喜欢的事。可是在任何事都必须由官僚机构来办的地方，只要是官僚机构反对的事就进行不下去。这种国度的结构是组织起这个国族的经验和实际能力，形成一个秩序井然的团体，方便管束其他人。这个组织本身越完善，就越能成功地从群体各等级中为自己找到并训练最有能力的人，那么，它就越来越完整地束缚了包括这官僚机构的成员在内的所有人。因为他们也统治了管治者自己，丝毫不逊色于被管治者，成为管治者的仆役。中国的一个高官和一个地位最低下的农夫毫无区别，都被一种专制政体所奴役。耶稣会的个别会友处于这个社团的最底层，尽管这社团本身存在的意义是成员们的集体权力和地位。

还有一点我们也要记住，那就是，如果管治团体集中了一国中的所有主要能手，那么，对于这个团体本身的智力活动和进步来说，早晚会要命的。既然他们组织成一个队伍，所运用的制度和所有制度一样，一定也是很大程度上依靠定则，这个官吏团体在受到频繁的诱惑时，便会一步步堕入惰性相沿的例行公事之中，或者，如果他们有时也对那种慢悠悠的作风表示厌烦，又忽然被这一团体的某个领导成员所臆想出来的、没有经过实战检验的、有待完善的观点所包围。要对这两种看起来相反，其实有很密切关联的趋势进行遏制，要对这个团体的能力进行设计，使其达到较高水准，只有一个条件，那就是和这个团体外面的、能力相当的监视、批评、负责加以应对。所以非常需要在政府以外保持某些手段以形成这种能力，并提供科学决策重大现实事务的经验和机会。假如我们还想把一个有技巧、有水平的工作团队一直保留下来——特别是一个可以锐意创新和想要改良的团体，假如我们还想拯救我们的官僚机构，那么，这个团体就不可以垄断所有可以成为管治人类所需的才具的职业。

要对那些严重破坏人类自由和进步的灾难到底从哪一点开始发生的进行判定，或者更准确地说，要对那些灾难到底到哪一点就会成为灾难进行判定，到底在哪一点会打垮得到社会认可的领导之下集体应用社会力量以将社会福祉以外的阻碍排除出去所得到的好处，要尽可能把集中权力和集中智慧的优势都集中到一起，而又不让政府承担更多一般活动，在政治艺术中，这是最棘手的问题之一。从很大程度上来说，这是一个很细小的问题，要从多个角度来考虑，而没办法制定出一条完全的规则。可是据我所知，有一条实践原则非常合适，有一个心愿，有一个完全可以将旨在打败这个困难的所有安排进行测定的标准，用下面的语句形容：和效率原则相符的权力要尽可能分散出去，情报要尽可能集中起来，还要把情报最大可能通过中枢传播出去。比如说，在内政的行政管理方面，比如在新英格兰各省，各项事务如果不方便由与其直接相关的人们去办理，都应该进行细致化的分类，让各人履行各人的职责，人则由各个地方自由选拔，除此以外，中央还应该在地方的每个部门成立一个监督机关，形成一般政府的一个部门。这个监督机关的责任就是集中各个地方在各该部门工作中所得到的情报和经验、外国类似工作中所得到的情报和经验，以及政府科学一般原则中所得到的情报和经验，就像聚焦一样。这个中央机关有权力对所有做过的事情加以了解，其特殊职责在于一个地方所得出的知识可以在其他地方派上用场。因为它站得高，看得远，不会局限于某一个地方，因此它通报的权威性就很高。而作为一个永久设置来说，我觉得它的实际权力应该只限于让地方官吏必须服从法律，因为这个法律是为指导他们而制定。任何事，只要在一般法规中没有提前做出规定，那么裁定权就在地方官吏手上，可是他们要对得起他们的选民。如果他们违背了法规，他们就应该为法律负责，而法规本身的制定者则是立法机关，中央行政权威只对法规的执行起监督作用，如果法规没有合理实行，应该视事件的性质来向法院申请强制执行，或者向原选机构提出诉求，将那些没有依照立法精神执行法规的工作人员罢免。根据它的一般概念，英国的中央救济会试图对全国救济税管理人员进行的监管就是如此。如果它行使权力超出了这个限度，在那种特殊情况下也是没错的，那是为了纠正一些对各个地方，甚至对整个团体都产生极大影响的事情，使得管理更加精良。因为，不管在哪里，一种道德权利都是不允许存在的，可以因为管理不善而将自己变成一个贫民窟，以至于向其他地方流去，进而对整个劳动群体的物质的精神状况产生损害。在最为重要的和全国利益相关的事情上，中央救济会拥有实行行政强制和制定附属法规的权力（可是因为这个问题的舆论情况，他们基本上不会使用这些权力）虽然是正当的，可是如果对只和地方利益相关的事情进行监督，就完全不合适了。可是，在所有行政部门中，一个提供情报给各个地方，且给予指导的中央机关也是同样有价值的。只要是给个人的进步提供帮助，而不是阻碍的所有政府的活动，当然越多越好。可是，只要政府不把个人和团体的活动和力量发挥出来，而用它自己的活动取代他们的活动，只要政府不是指导他们，而是让他们受到自己的约束，或者让他们到一边去，由自己帮他们工作时，就开始产生危害了。从长远的角度来看，归根结底，国家的价值在于组成它的所有个人的价值。如果一个国家比较注重管理技巧、事务细节实践等，而忽略了所有个人智力的拓展和提升这一根本利益；如果一个国家只为——哪怕是本着有益的宗旨——让人们变成更易被它操控的工具而对他们的发展造成阻碍，那么，终有一天，它会看到，小的人不会有大作为，它还会看到，它付出一切代价所得到的机器的完善，为了让机器变得更加好用而甘愿把机器的基本动力都撤销了，最后它将变得一无是处。